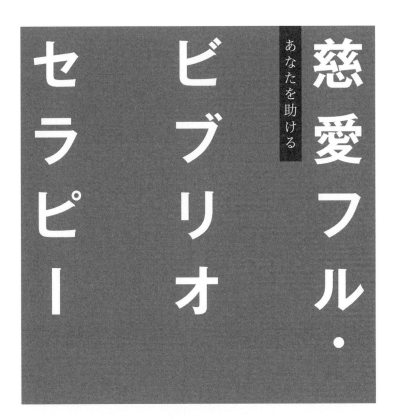

あなたを助ける

慈愛フル・ビブリオセラピー

加藤絢子

Clover
クローバー出版

はじめに「慈愛フル・ビブリオセラピー」

　心理療法士の加藤絢子です。

　本書では、「本当の自分」に還るための具体的な方法を、感情の取り扱い方の専門家である心理療法士が、ワークを交えながら書いています。

　私が専門としている心理療法は、弁証法的行動療法（以下ＤＢＴ）です。

　ＤＢＴは、圧倒されるような強い感情に対して、その感情と上手く付き合うスキルを身に付けるための認知行動療法の一種です。いくつかの技法を組み合わせていることにより、通常の認知行動療法より強調されている面があります。ＤＢＴは、マインドフルネスという概念を用いながら、今この瞬間における自分自身と、自分の世界をありのまま受容することの必要性と、自分の衝動性の起源を他人や環境に帰属せず、自分の問題として考えるスキルです。

　アメリカでは境界性パーソナリティ障害の克服にもっとも有効な方法として広く知られており、アメリカ精神医学会で推奨していますが、日本では取り扱える専門家がほとんどいないのが現状です。

このＤＢＴを開発したアメリカの心理学者マーシャ・リネハンは、ＤＢＴの中核的スキルであるマインドフルネスを「**東洋のスピリチュアルなトレーニング**」であると言っています。

本書では、科学的なプロセスで学ぶ心理療法として開発された「マインドフルネススキル」と「波動の法則」を融合して、誰にでも使えるような具体的な方法を説明しています。

私はこれを、「**慈愛フル・ビブリオセラピー**」と名付けました。

ビブリオセラピーは、認知心理や哲学などの本を読み、そこから得られる洞察や知見によって心の変容を促す**読書療法で、心理療法の１つです**。

ビブリオセラピーの「ビブリオ」とは古いギリシャ語で、本来は「書物」を意味します。

読書療法は、メンタルヘルス上の問題を抱えた人たちへの支援ツールとして提唱されました。心理カウンセラーや心理学者、精神科医によって利用され、軽度から中等度のうつ病の方においては、専門家が行う認知行動療法と同程度の効果があるという結果が報告されています。

「慈愛フル・ビブリオセラピー」では、本を読むことで「マインドフルネススキル」と、「波動の法則」の知識が得られ、感

情の整理ができます。人は皆、何かしら考え方にクセを持っており、波動に大きな影響が出ています。そして、生きてきた年数分の固定観念や思い込みが潜在意識に保存されており、それら潜在意識が本当の自分に還ることの妨げになっています。

固定観念や思い込みを必死に書き換えようとしても、潜在意識の抵抗を受けるために書き換わることはないでしょう。ですから本書では、固定観念や思い込みを自動的に「信念」へとシフトすることを目的とした「慈愛フル・ビブリオセラピー」をお届けします。

読書に夢中になっているときは、潜在意識の能力を最大限に発揮する「リラックス、イメージ、暗示」に近い状態にあります。第一章から第五章までは、「知識を得る」「感情を整理する」に重点を置いています。最終章の第六章では、潜在意識の特徴を理解して「固定観念や思い込みを自動的に信念にシフト」していきます。

潜在意識の能力を最大限に引き出して、潜在意識に任せることが、固定観念や思い込みを変えていくための一番自然な方法です。

もちろん同じ本を読んでも、人によって受け止め方は違いま

すが、何より自分の中にない考え方の存在を知ることは誰でも大きな力になります。読書療法の形は、一人で読む、心理カウンセラーと1対1で行う、読書会での集団療法などいろいろあります。本は、ほどよい距離感で寄り添ってくれて、情報量もペースも、自分で計ったり選ぶことができるすぐれものです。

ビブリオセラピーでできること

①スピリチュアリティ

これまでの人生の経験値では解決できないような大きな問題に直面したとき、何か自分の力を超えたものによって解決されるのを認識することができます。つまり、「ハイヤーセルフ」の存在を認識することができます。

②認知

マインドフルになることは、自分の心や感情を含むすべてのものが絶えず変化していることを教えてくれます。自分の内なる体験が絶えず変化することを実際に経験することで、自分というものを、もっと柔軟性や客観性に富んだ見方で捉えられるようになっていきます。それが認知です。ストレスや不幸に繋がるような、凝り固まった見方やクセとなってしまった習慣などに、距離を置けるようになります。

③洞察

　本を読むことで、普段見慣れたものでも違う捉え方ができるようになります。今まで「こういうものだ」と思っていたけれど、実はそうではなかったという新しい側面が見えてくるので、新たに考えを深めることができます。

　「慈愛フル・ビブリオセラピー」は、理解していなければ扱うことが難しい「感情（波動）」を扱う上で力になることができます。様々な問題の根本的な原因はほぼ同じですから、あらゆる実存的な問題は、本書を読むことによって感情のコントロールが上手になり、波動が上がり解決していきます。

　本書では、全過程に「**心をこめて**」という意味の慈愛のマインドフルネスのエッセンスをふんだんに盛り込んでいます。「今この瞬間」にチェックイン（見守る＝観察する）し、自分の中の慈愛のエネルギーであるハイヤーセルフに繋げることができます。

　これは、「宇宙に願望を投げかけたら、あとはじっと待っているだけで願いが叶う」という聞こえの良い机上の理想論ではなく、私そしてクライアントが実際に使って効果のあった実践的なものです。

人は忘れる生き物ですし、できるだけ楽をしたいという衝動に流されていきます。行動を起こそうと思ったときに「どうやってやろうか」と考えるプロセスが入ってしまうと、途端に難しいものになりがちな心理療法のテクニックを、習慣化しやすいようにシンプルに、そして頼れるスキルにしました。

　今、あなたが経験しているすべての発信元は「あなた」です。
　あなたが発している感情は波動であり、その波動と同じ現実が創られ続けています。

　スピリチュアルに抵抗がある人や引き寄せ難民になっている人に対して、エビデンス（臨床結果などの科学的根拠）のあるマインドフルネスと波動の法則を融合することで、より可能性を開き、心理学の見地から「感情＝波動」の扱い方を伝え、人生を意図的に創造していく楽しさをリアルに感じていただくための本として書きました。

私の生い立ち

　私は、再発を繰り返す心臓の病気で現在までに３度手術しましたが、体調も良くなりました。また、制限型拒食症で餓死寸前となり、それが原因で不妊症になっていましたが、３人の子

供を授かり、「楽な道を選べ」「ま、いっか！ と思え」と私に言い続けた頼もしい夫と賑やかな生活を送っています。幸せになれるとは想像すらできないほど苦しい人生でしたので、今ある幸せに感謝の日々です。

　昔の私は酷い精神状態で、自分が生まれてきたこと、生きていることを呪っている状態でした。

　エリートの父とお嬢様育ちの母の間に生まれた私は、生活こそは裕福だったと思います。

　しかし、父と母が離婚をして母子家庭になった途端、この世界は鬼のように冷たい人ばかりだと感じるような出来事が続きます。保育園では保育士からあからさまな差別を受け、「保育料タダの分際で給食を食べるのね？」と真顔で言われたことで、幼いながら円形脱毛症に。

　小学生になってからも、母子家庭というだけでクラスメイトに貧乏バイ菌扱いをされ、「こいつに触ると貧乏が移る」と言われ続け、涙が枯れ果て、だんだん抵抗する気も失せ、無感情になっていきました。

　助けてくれる友達も先生もいない。そして、離婚の辛さから宗教にのめり込んでいる母にも相談できない。私は、いつも孤独でした。

　中学生になる直前に母が再婚したのですが、ここからが本当

の地獄の始まりです。

　母が再婚した相手は酒癖が非常に悪く、ほぼ毎晩のように母に暴力を振るっていました。

　止めに入る私も殴られる日々で、生きた心地がしませんでした。救急車を呼ぶほど緊急度の高いケガを負ったことが何度もあり、近所では有名な機能不全家族です。

　そんな荒んだ家庭でしたから家でリラックスすることなどなく、ついには精神の限界を超え、17歳のときに制限型拒食症を発症しました。

　制限型拒食症が恐ろしいのは、低栄養の状態が続いて体力が低下していくはずなのに、活動的になる場合があることです。私は、まさにこの「活動的」な状態で、勉強も部活動も人一倍頑張り、上位でいることで安心し、友達からは頼りにされる姉御肌でいようと常に努力していました。

　誰かに頼りたい気持ちはありましたが、小学生の頃のいじめ経験で感情を抑え込むクセがついていたので、弱みを見せることなど絶対に考えられません。いつもいつも張りつめた気持ちで、成績優秀でいなければならない、良い人でいなければならないという強迫観念でクタクタだったのです。

　私の症状は摂食障害の中でも少数派の制限型拒食症で、過食に移行することはありません。最終的には食べ物を受け付けな

い心と体になり「このまま餓死してもいい」と思うほどの精神状態に陥っていきました。でもこの極限の状態のとき、心理療法に出合い、そして母が再婚する少し前に封印していた私の独特の感覚と心の奥深いところにあるエネルギーの温もりを、あらためて感じ取ることができるようになったのです。「どうやって生きていこう」という気持ちが湧き、「生き方」が私のテーマになっていきました。

痩せ細ってしまったために、心臓のポンプ機能が低下して心不全状態になっていましたが、そこから時間をかけて少しずつ回復し、「やれることの精一杯を」と、大学病院の入院病棟のベッドの上で、中途半端になっていた心理学を猛勉強。短期大学進学後は、より深く心理学を学ぶために大学へ編入もしました。

「心理療法」に出合っていなかったら、私は今この世にいなかったと思います。

そして「波動の法則」を知らなかったら、不妊症、心臓病のままだったでしょう。さらに、「慈愛のエネルギー」を知らないままでいたら、自分の人生を意図的に創造する楽しみを経験することはなかったはずです。

この本は、そんな私が実践してきたものを「慈愛フル・ビブリオセラピー」という形で、なるべく難しい言葉を使わずに書いています。ぜひプロセスを体感してみてください。

Contents

Contents

Contents

第一章

なぜ感情が現実創造する波動なのか？

現実世界と感情の関係

あなたの感情は、すべてあなたの物事の受け止め方で作られています。

あなたが物事をどう見るか、どのように受け止めるか、それに対してどのような行動を取るか、そしてどのように信じるかに反映しています。

事実は1つでも、解釈は無限大

あなたは「今この瞬間」考えたように感じています。

例えばあなたは今、友人から勧められた本を読んでいるとしましょう。

本を読んでいることは事実です。

もし、「この本は私の助けになりそうだ」と考えれば、あなたは気分が良くなります。

でも、「この本は、私には役に立たない」と考えれば、がっかりすることでしょう。

あなたの気分は、今読んでいる文章それ自体で決まるのではなく、あなたがそれをどう受け止めるかによって決まるのです。あなたがある考えを抱いたその瞬間に、心の中に感情反応が起こります。

考えが感情に反映されるのです。経験したことを正確に理解していれば、感情も正常になります。反対に、もし経験に対する解釈が歪んでいれば、感情反応も異常となります。

感情を理解する

感情は、潜在意識からのメッセージ。ポジティブ・ネガティブのどちらにも大切な役割があり、両方とも人にとって必要なものです。重要なのはそのバランスなのです。

例えば、重要な対象を喪失した際に感じる悲しみは、その状況を自分や他人に伝達する信号として働くことで、自分に対しては活動を抑止してそれ以上の消耗を防ぐ役割、他人に対しては養護や共感を引き出すという役割を持っています。

悲しみを感じないように抑え込んでしまうとエネルギーを消耗し、不調を拡大させてしまいます。そうなると潜在意識は、もっと大きな悲しみや症状をメッセージとして投げかけてくる。そのメッセージを無視し続けることによって、うつ病や大病を患ってしまう可能性も出てくるわけです。

喪失したものを見つめると涙が自然に流れることがありますが、それは**涙には「心の浄化作用（カタルシス効果）」**が働いているため**で、涙を流すことで少しずつ悲しみは癒されていきます。感情の役割を知り、不合理な考え方を正すことで、喜びばかりでなく悲しみさえも、歪みなく純粋なものとして経験す

れば、価値の高い感情生活、すなわち人生を創造する能力が高まります。

同じ周波数の波動と同調する習性〈波動共鳴〉

波動には、分かっている要素に「振動数（周波数）、波長、位相、振幅」があります。

次の図は音の波形です。音が1秒間に振動する回数を振動数（周波数）と言います。

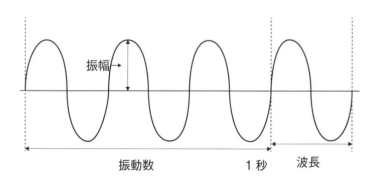

振幅が大きいほど音は大きく、振動数が多いほど音は高くなります。

　テレビやラジオもこの「波動」の性質を利用したものです。

　例えば、テレビの放送局は、特定の波動を発振しています。これを「周波数」と言います。

　テレビのチャンネル選択は、見たい放送局と同じ波動を発振して波動を同調させて、テレビ局を選んでいます。このように**「波動」は、同じ周波数の波動と同調する習性がある**のです。

万物は固有の振動数（周波数）を持っている

　この世界に存在するすべての物質は振動しています。人、動物、植物、そして石、水、空気も、有形無形を問わず常に振動して波（波動）を発しています。これらの振動数もテレビやラジオ同様に「周波数」と言います。

　私たち一人ひとりには固有の周波数があり、石などの無機物にも固有の周波数があります。あなたの身の回りにある家具や食器、身に着ける衣類やジュエリーなども固有の周波数を発していますので、あなたは様々な周波数のエネルギーに囲まれて生活しているのです。

この世界には「波動の法則」が働いている

　音が調和によりハーモニーを生み出すように、**肉体と精神（心、意識）は調和することで波動が高まります**。私たちは精

神が調和していると、それに共鳴して肉体も調和します。これはハイヤーセルフ（魂）と調和して生きている状態です。ハイヤーセルフと調和の状態にない場合、持続的な幸せを見つけることや、健康でい続けることが難しくなります。

　ハイヤーセルフとの調和を目指すには、頭の中のうるさい思考や極端な思考に「気づき」、バランスの取れた思考を保つことが必要になります。

　病気になったり、人間関係でトラブルが発生したりすると、私たちはどうしても外側に目が向きやすく、そしてコントロールしたくなるものです。当然、私たちの「感情・意識」も振動しています。

　一人のときでも、頭の中では常に何かを考えていますので、その思考によって感情がアップダウンし、それに伴い波動もアップダウンします。

　あなたが今、悩みを抱えているなら、「感情・意識」を変えない限り波動は高まらず、たとえ職場を変えても、パートナーを代えても、また同じような問題を経験することになります。

　同じような悩みを繰り返すのは、「思考のクセ」が明確ではないためです。この「思考のクセ」を明確にして、意識を変えていく必要があります。

　それが「波動パターン」を変えることになり、根本的な解決方法となるのです。

「モノの豊かさ」でなく「心の豊かさ」に注目

現代人は時間に追われ、なかなかゆったりとした気持ちで過ごすことができません。

忙しいとは「心を亡くす」と書きますが、「忙しい、忙しい」で一体、心はどこに向かっているのでしょうか。この忙しい生活のスピードを緩めて、本当の自分を取り戻し「心地よさ」を味わうことは「ハイヤーセルフ」との調和の助けになります。

人生でもっとも価値のあるものは、けっして特別なことではなく、お金のかかるものでもありません。休日に家族と公園を散歩したり、仲の良い友人と過ごす時間だったり、一人でコーヒーを飲みながら本を読んだり──。大切なのは、あなたがどこで何をしていても安心で、幸せで、繋がっていて、今を生きていると感じられることです。

生活の中にほんの少しでも心地よい時間の過ごし方を取り入れると、幸福感を得る機会が増え、心に余裕が生まれます。そしてそれは、あなたが望みさえすればどこにでも見つけられるものです。自分の内側に目を向ける「気づき」と、外側の暮らしの中にささやかな喜びを見出すことは、あなたの幸せの価値観を変え「慈愛と豊かさ」の波動の扉を開くことになるのです。

宇宙とどれだけ調和しているかが鍵になる

　私たち一人ひとりの固有の周波数は、宇宙の周波数と調和しているときにもっとも波動が高くなり、エゴの欲望が強く出ているときに波動は低くなります。

　周波数の合ったものだけが私たちの目に見えています。だから波動の高低によって、見える世界はまったく違ってくるのです。

　波動の高い・低いの違いは、次のように分けられます。

　波動が高い（振動数が多い・粒子が細かく軽い）：目に見えない存在・気体・感情（愛、感謝など）

　波動が低い（振動数が少ない・粒子が粗く重い）：目に見える存在・個体・感情（恐れ、絶望など）

　※目に見えない存在とは、ハイヤーセルフ・大いなる存在・神・天使・守護霊など。

　重要：波動の高い・低いに良い悪いはなく、それぞれ役割があります。

　例えば、人間には７つのチャクラ（エネルギーセンター）が備わっており、第一チャクラは一番低い波動、第七チャクラは一番高い波動です（第五章参照）。

　チャクラの波動の高低に優劣はなく、それぞれ特定の役割を担っています。

　本書は、ハイヤーセルフに繋がることを目的としていますので、波動を高めることに重きを置いて書いています。

波動の特性
①同じ波動同士が共鳴し同調し増幅する
②波動が異なるもの同士は排斥する
③発振した波動は跳ね返ってくる
④弱い波動は強い波動に影響を受ける

　2つの音叉を並べて1つ鳴らすと、もう一方の音叉が共鳴して鳴り出すように、波動が高いものは高いもの同士で共鳴し、低いものは低いもの同士で共鳴します。

　波動の基本は「同じ波動のものが響き合う」という共鳴現象です。ですから、あなたが惹かれる人、場所などは、あなたがその対象に共鳴しているということであり、あなたの中にその要素があるからこそ共鳴しています。あなたが、本当の自分に還れば還るほど宇宙の動きに調和し、より強く惹かれ共鳴が起こり、その結果、本当の願望が具現化するのです。

　幸せであるかどうかは、あなたが宇宙とどれだけ調和して、本当の自分でいられるかが鍵になります。あなたが宇宙の動きに調和しているときは、あなたはポジティブな感情を抱きます。

しかしあなたの思考は、頻繁に宇宙の動きと調和することに抵抗します。あなたは願望を抱きながらも願望と矛盾することを無意識に思考し、宇宙の動きに抵抗してしまうのです。そのときのあなたは本当の自分ではない状態です。この宇宙の動きに抵抗する思考は、あなたにネガティブな感情を抱かせます。

　ネガティブな感情を抱いているあなたは不幸せな状態です。その波動によって、抵抗する思考が具現化し、願望は具現化しないのです。

　私たちの「思考や感情」すなわち波動は、脳内に生じる電気信号の観測によって確認することができます。そして人間の波動には大きな特性があります。それは固定の波動と変化する波動を持っているということです。

　「思考や感情」は絶えず変化しています。そして思考によって感情（喜び、悲しみ、怒りなど）が生まれます。喜びなどのポジティブな感情の波動は高く、悲しみなどのネガティブな感情の波動は低くなります。このように私たち人間は、「身体・感情・精神」など様々な波動で構成されています。

　引き寄せを実践している多くの人が陥っている盲点が、「ポジティブな感情で高い波動を発していれば願望が叶う」と思っていることです。

　確かに「同じ波動同士が共鳴し同調」すれば具現化します。

しかし人間は複雑で、期待や喜びで胸がいっぱいになっていて
も、同時に不安な感情を抱いていることもあり、感情と行動が
バラバラであることが多いのです。

　例えば「結婚したい」という願望。
「早く結婚して子供が欲しい。でもキャリアを諦めなければな
らないのが辛い」
「彼と一緒に暮らせたら幸せ。でも一人暮らしのほうが気楽だ
な」
　このように相反する気持ちは、波動を荒くします。
　その結果、「結婚したい」という波動とずれた波動を放って
しまい、いつまで経っても結婚できない状態が続くのです。

すべては意識波動でできている

　今、あなたの人生が上手くいっていないのなら、あなたが持
つ「思考のクセ」が邪魔をしている可能性があります。思考の
クセは複数持っている場合が多く、「パターン化（無意識化）
している思考のクセ」は容易には変わりません。

　この思考のクセを崩すには、脳の仕組みを理解して、地道に
思考を選び直すとよいでしょう。そして無意識である潜在意識
に波動の高い思考パターンを擦り込めれば、本当の自分として
生きていくことができるはずです。

思考が変わると引き起こされる感情が変化します。

感情が変化すると行動が変わります。

行動が習慣化すると意識が変わります。

　食生活・運動などの習慣は、約3ヶ月続けることで習慣化するといわれています。

　代表的な心理療法である認知行動療法の場合も、思考のクセ（物事の見方や出来事の受け止め方）や行動を修正改善し、不快な感情を軽減する効果の発現は、早くて約3ヶ月です。やはり1つの習慣が定着するのは、約3ヶ月が目安なんですね。

　これは自分の望みを確認し、拡大するために必要な時間です。

　良くなるための時間を楽しめてこそ、もう後戻りしないための「意識」が芽生えます。あなたが経験してきたこと、そしてこれから経験することすべては、あなたの「意識」が創っています。

　これまでのパターンと違う思考の選択、違うところに意識を向ける、そして不安があっても行動し続けることができるようになり、習慣が構築されます。

　あなたの目の前の空間には、ただ空気が存在するだけではなく宇宙の無限の愛が満ち溢れています。

愛とは調和であり、「宇宙の愛は完全な調和」です。

あなたが宇宙の無限の愛と調和すれば、想像もつかないところから願いはどんどんと叶い、高く軽やかな波動は、あなたの身体を軽快にしてくれます。

宇宙の無限の愛の受容能力を高めるワーク

私たちが経験していることは、表面意識である「顕在意識」と無意識である「潜在意識」の２つの「意識」によって創られています。その顕在意識と潜在意識が一致することで、宇宙の動きに調和して、望みが実現するようになっています。

顕在意識と潜在意識の力関係の割合は、顕在意識「１」、潜在意識「９」です。

圧倒的な影響力を持っている潜在意識にある観念や思い込みを書き換えることが、宇宙の無限なる愛の受容能力を高めるための唯一の方法です。

私たちの顕在意識と潜在意識の思考活動は、目まぐるしく動いています。

アメリカの心理学の研究によると、一人の人間が一日に思考する回数は、顕在意識と潜在意識を合わせて約６万回。そのうち８割はネガティブな思考をしているそうです。

自分探索のワーク

脳をポジティブにする最初の一歩は、まず「自分探索」からです。

「あなたの感情の現在の反応の仕方」を３つほど書き出してみてください。

どんなときに自分の感情に圧倒されますか？

そしてそのとき、どんな行動を起こしますか？

例）好きでもない友達からイベントや旅行に誘われたとき、断れず一緒に行く。その結果、いつも自己嫌悪で激しく苛立ち自宅で過食してしまう。

　①

　②

　③

①〜③は、あなたが変えたいと強く願っていることです。

　願望やありたい姿、あなたの大切にしていることが隠れています。

　あなたの感情が大きく揺さぶられ、圧倒される現実のように見えていても、それはあなたの「意識」が創り出した創造物だと理解することができれば、それを必死になって変えようとせず、あなたの「意識」を本来の自然な喜びの感情に戻すことによって、自動的に変わることが分かるはずです。

量子力学で証明する〈感情＝波動〉

　かつて、物理学では「原子」が最小単位とされていました。しかし、その後の研究によって、原子は「電子、陽子、中性子」から構成されており、さらに追究していくと、最終的には「素粒子」によって成り立っていることが分かりました。

　人間を含め宇宙に存在するすべてのものは、物質を構成する最小単位である「素粒子」が材料でできています。素粒子は「波」であり振動していることは、量子力学で確立されている理論です。素粒子は常に生成し、発展し続けているのです。

　次の図は、観測器を使って原子を「数値データ」として観察したものです。

　原子は、原子核と電子によって構成されています。

　原子の中心に原子核が位置し、その周りを電子が高速で回転しているという構造です。

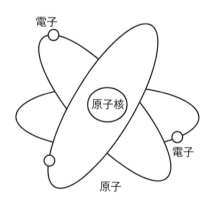

　原子核は、陽子と中性子が結び付いた微粒子で、大きさは原子の1万分の1から10万分の1ほどといわれています。もしミクロの目で原子を見たとしたら、空洞だらけに見えるはずです。

　肉眼では空洞は確認できませんが、理論的には99％が空洞で、そこは静電気力で満たされた空間です。もし静電気力が無かったら、透明人間のように光が体を通り抜けてしまい、どんな壁でも難なく通り抜けます。

　しかし現実は、原子間や分子間には静電気力が満ちているため、光は体に当たれば反射され、もちろん壁も静電気力で通り抜けることはできません。私たちは、身の回りにあるものをすべて物体として目で捉えていますが、これは原子の空間を電子が高速で回転しているから見えているのです。

　原子を「扇風機の羽根」や「自転車のスポーク」に例えると、イメージしやすいかもしれません。
　回っている扇風機の羽根も運転中の自転車のスポークも、高速で回転すればするほど隙間のない円形の物質に見えます。この状態で何か物を通そうと試みても、通り抜けることはできず跳ね返されるだけです。

　私が「素粒子」でもっとも注目している性質は、「素粒子は実体のないエネルギーとして存在しており、『**目に見える存在**』でもあり『**目に見えない存在**』でもある」という点です。

意識すると目に見える存在となる素粒子

人間が「意識」したことにより「物質化」したことの証明となる実験があります。

米国ノエティック研究所の主任研究員であるディーン・レイディン博士は、「意識と現象」の関係について様々な実験をしています。

そして量子力学の実験でもっとも有名な実験が「二重スリット実験」です。

二重スリット実験とは、「2つの狭いスリットが入った板に向かって、光子と呼ばれる光の素粒子を飛ばしたとき、その先に配置されているスクリーンに何が映るか」という実験で、「観察しているか、観察していないか」で物理現象が変わるというものです。

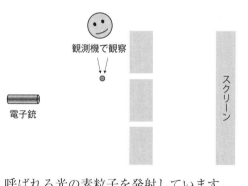

左の図は、二重スリット実験を図示したもので、2つの狭いスリット（切れ目）が入った板に向かって、電子銃から光子と呼ばれる光の素粒子を発射しています。

実験では、不思議なことにその先にあるスクリーンに、複数

の縞模様（ストライプ）が現れました。

　素粒子が粒子（物質）であるならば、スクリーンには２本の縞模様が現れるはずです。しかし結果は、エネルギー（波動）で実験した場合に現れる複数の縞模様になったのです。

　この結果を検証するため観測機を設置して実験してみたところ、今度はなんと、粒子（物質）である場合に現れる２本の縞模様が現れました。

　この実験から、**素粒子は、観測していないときは「エネルギー（波動）」で、観測すると「物質化」する**ことが判明したのです。これを量子力学では「観測問題」と言います。

「観測問題」により素粒子は、「波」でもあり「粒」でもあることが分かりました。

　人が意識を向けていないときは可能性で留まっているため不確定のままなのですが、人が意識を向けることで初めて形として定まるのです。

　私たちの身の回りには、見えて触れることのできる物質が確かに存在しています。

　しかし、量子物理学の発展によって、構成要素を素粒子にまで分解すれば、そこには物質の存在が不確定となる世界があります。

　素粒子は量子であり、確率として存在するだけで、観察する

まで状態は確定しないのです。

　ディーン・レイディン博士はさらに、「二重スリット実験」の応用実験を行っています。

　この実験は、人の意識が量子の振る舞いに影響を与えていることを裏付ける結果となりました。

　実験は、2本のスリット（切れ目）の入った板に向かって素粒子を発射している間、1本のスリットに多くの素粒子が通過するように念じた（意識を向けた）というものです。

　念じずに素粒子を発射したときは、2本の縞模様が現れるのですが、念じたときには、縞模様が変化するという結果が得られました。

実体がないのになぜ人の目には見えるのか

　なぜ、人が意識を向けることで物質として目で見ることができるのか。

　これは認知科学の「内部表現」という、脳のシステムで明らかになっています。

　人は五感（視覚・聴覚・味覚・嗅覚・触覚）から入ってきた信号を脳で処理し、これらを統合して外側の世界を認識しています。この統合された心の中の空間を「内部表現」と言います。

　内部表現は、人の心と情報から成り立っています。コンピュー

ターと同じように、データ作成、上書き保存などが可能です。

　あなたが見ている現実は、固定観念と五感が感じ取るエネルギーを照合したものにほかならず、現実を直接見ているのではなく、内部表現という脳内スクリーンに映し出されたものを見ているのです。

　スピリチュアルでは、「現実は内面の投影である」という言葉が大原則としてあります。

　これは「意識」が、「現実そのもの」を創っているのと同じ意味なのです。

本当の自分は〝愛〟の存在であることを思い出す

　心理療法のゴールは、「ありのままの自分を受け容れる」こと。

　スピリチュアルのゴールは、「本当の自分に還る」ことです。

心理療法、スピリチュアル、どちらも目指すところは同じで「自分らしく生きる」 ことがゴールとなるのです。

「本当の自分に還る」とは一体どういうことなのでしょうか。

　それは簡単なようでとても奥深くて、一朝一夕に辿り着けるものではありません。

落ち込みやすい人が一夜にして脳天気な人になれないように、突如としてまったく別人格になるのは難しいでしょう。「本当の自分に還る」とは、自分が持って生まれた資質を認め、この世界で顕現していく生き方です。やりたいことをこの世界で体現し、幸せを感じ、自分が情熱を注げる生き方であり、本当の意味で望みを叶える生き方です。

　自分の肉体も思考も意識も、すべて自分の財産です。その中には、自分の人生をどう生きるかの手がかりがすべて詰まっています。誰もが「必要なもの・出会い・チャンス」が自動的に完璧なタイミングで現れるようになっているのです。

本当の自分で生きることを制限しているもの

　私たちは、もともと高波動で宇宙と繋がった愛の存在として生まれてきました。

　生まれたばかりの赤ちゃんの波動が高いのは、絶対的な自己愛に満ちているからです。

　無条件に守りたくなり、愛情をたっぷり注ぎたくなってしまう愛くるしさを持っています。

　この三次元の物質世界に誕生したばかりの私たちは、「本当の自分」の状態でした。

　人は誰しも生まれてから、見聞や経験により情報を受け取っ

て生きています。私たちは受け取った情報から様々なことを学び、その学びを活かして、どこに意識を向け、何を感じ、どのように考え、どう行動するかを決めています。

私たちが学んできたことは、「信念、価値観、常識、道徳観、倫理感、性格、意味付け、考え方」として、私たちの内側に存在します。受け取った情報の中には、人間関係での振る舞い方や、他人に受け容れられるための社会性のような規則も含まれています。

私たちは自分の好悪に関係なく、社会が好むような形に育てられています。自分自身で選んだわけではない信念や価値観、道徳観などを作り上げられていきます。これらはとても強力であり、あなたの考え方、言動を決めています。こうして私たちは本当の自分ではないものに育て上げられてきたのです。

人は本来、まったき存在

精神分析医フリッツ・パールズとゲシュタルト心理学者ローラ・パールズによって作られた**ゲシュタルト療法は、「今ここ」での「気づき」を得る心理療法**です。

ゲシュタルト療法では、自分の身体感覚や感情、気になることや未完結の経験などの自分自身に気づきを向け、今ここでの体験を通じて、完結・統合していきます。

私たちが人生の中で、どうしていいのか分からなくなるのは、自分の置かれている状況に統合が作れない、もしくは1つの特定の統合でしか身動きが取れなくなっている状態にあるからです。

　人間を含めた生物体には、**恒常性（ホメオスタシス）**という機能があります。
　これは、体温や血圧などに変動が起きたとき、生命維持のために調和を回復して、再びもとのあるべき状態に戻ろうとする生理的機能です。

　ゲシュタルト療法では、このホメオスタシスが、人間の精神的現象の中にも存在すると考えます。
　例えば、不快な経験で湧いたネガティブな感情は、精神的バランスを保つためのサインです。その感情を抑えたり無視したりするのではなく、調和して本当の自分に戻るよう関わっていくという考えです。

　人は、ごく幼い頃は、本来あるべき心のままに生きている、まったき存在に近い状態なのだと思います。感じたことを素直にありのままに表現して、悲しければ泣き、嬉しければ笑い、思ったことを口に出します。過去をいつまでも思い煩うことはなく、未来を不安に感じることもなく、「今」に生きているので、

目の前にあることに純粋に興味を抱き、没頭し、楽しむことができます。

　起こった変化に自然に反応するがゆえ、すぐにバランスを回復して、本来あるべき状態に戻ることができます。ですから感情的な淀みというものを持ちにくく、例えば、怒りは感じても、恨みを抱くことはあまりありません。

　けれども人は成長するにつれ、社会や周囲の環境に適応するため、自分を偽ったり、否定したりすることを覚えてしまいます。本来の純粋な欲求ではなく、人や社会の期待に応えるために、あるいは周りから攻撃されて傷つかないように、行動や思考、感情を制限するようになっていきます。

　自分の身を守るため、周りに迎合するために、本当は言いたくないこと言ったり、したくないことをしたりするのです。

　そして、本当の自分の思いはなかったことにして、自分から切り離してしまうのです。

　本当は辛いのに、辛くないふりをする。

　辛いと叫んでいる心の一部は、切り離してしまう。

　それを繰り返すうちに、まったき存在だった自分は分断化され、機能不全に陥ってしまいます。

　完全な自分としてではなく、自分の一部分を切り離して生きていると、100％で生きていない分、エネルギーがダウンして

気力が減少してしまいます。また、エネルギーが上手く全体に回っていないのでアンバランスになり、どこかに歪みが生まれます。結果として、うつになったり、感情の起伏が激しくなって怒りを抑えられなくなったりするのです。

　本当の自分に属している部分を分離し続けることは、実はとてもエネルギーを消耗する作業なので、心は疲れていきます。でも潜在的にはその状態を打破するために、何らかの処置を求めているのです。だから慢性的な不安に苛まれてしまう。

　フリッツ・パールズは、本来のまったき存在に戻ることを阻害している自分の中の切り離された部分、表現されずに自分の中に取り残された心のしこりの感情を「**未完結の経験**」と言っています。

　そして、この部分に気づき、満たしてあげることができれば、分離された自己の一部は再統合され、本当の自分に還ってくる。本来あるべき完全な状態に近づくことができると考えました。

　ネガティブな感情の裏側にある本当の願望に気づき、自分の本質をそのまま表現すること、自分自身とちゃんと繋がって生きることがハイヤーセルフの状態です。

　そのためには、自分の中の否定してしまっている部分や滞っている部分の存在をまず認め、それらを受け容れてあげること

です。そして、本当は何を欲しているのかに耳を傾け、満たしてあげる。これができれば、「未完結の経験」は「完結」となり、奪われていたエネルギーを取り戻し、本当の完全な自分に還ることができます。そうすれば、持っている潜在能力をより多く発揮して、より生き生きと生きることができるのです。

本当の自分と出会うことを妨げる思考

　人はある出来事が起きたとき、自分の経験や環境の中で身に付けてきた、決まったものの考え方や、そのとき湧き上がった感情をもとに行動を起こします。
　このある**出来事に対する物事の思考のパターン**を「**自動思考**」と言います。
　自動思考が歪みないものであるのであれば、何事もなく過ごすことができるのですが、この自動思考が極端で飛躍的な解釈をするような歪みを持っていると、当然生きづらくなってしまいます。

　このような自動思考の歪みを「認知の歪み」と言い、次ページのような10種類に分類されていますが、きっと誰にでも心当たりのあるような思考パターンでしょう。多くの人は、それ

を増幅させず適応して生きています。

　しかし、増幅して生きている人の中には、強迫性障害やうつ病に悩まされている人がいるのです。

　心が大きく揺さぶられる出来事が起きたとき、浮かんだ考えをそのまま紙に書いてみてください。

　そこに潜んでいる認知の歪みは何なのかを考えます。そして最後に、どう考えるのが合理的かを書き込んでみましょう。

　馬鹿らしいと疑いたくなるような単純な作業ですが、絶大な効力を発揮します。

　認知の歪みを把握する最大の目的は「気づき」です。

　次に紹介する10種類の「認知の歪み」のパターンは、認知行動療法の創始者アーロン・ベックが数十年前に発見したものですが、これは現在でも臨床心理の現場はもとより、コーチング、サポートグループなどでも広く使われています。非常に役立つものなのでご紹介します。

認知の歪みの定義10パターン
①全か無か思考
②一般化のしすぎ
③心のフィルター（色眼鏡）

④マイナス化思考

⑤結論の飛躍（心の読みすぎ・先読みの誤り）

⑥拡大解釈と過小評価

⑦感情的決めつけ

⑧すべき思考

⑨レッテル貼り（ラベリング）

⑩個人化（過度に個人的に取ること）

①全か無か思考

出来事や相手、自分を「白か、黒か」「０か、100か」で判断する極端な完璧主義の思考パターンです。

この認知の歪みを、専門用語では「二分法思考」と言います。

例えば、「**就職活動で失敗した。もうこれで私の人生は完全に終わった**」。

このような自動思考が湧いたら、「私は今、『全か無か思考』になっている」と気づきましょう。

世の中は、白と黒ばかりではありません。敵と味方ばかりでもありません。

その中間地帯のグレーゾーンが一番大きいのです。

〔客観視する方法〕

　白か黒かではない、別の視点「グレー」の判断をするようにしてみましょう。

「その考えは、正しいの？」

「例外となる事実はないの？」

　と問いかけることが、現実に合った考えを作ることになります。

　②一般化のしすぎ

　一度か二度の出来事に対して、「いつも」「絶対に」と根拠が不十分なまま、一般化してしまう思考パターンです。

　例えば、**「ミスをして上司に叱られた。私はいつもミスをして叱られる」**。

　このような自動思考が湧いたら、「私は今、『一般化する思考』になっている」と気づきましょう。

〔客観視する方法〕

「いつも同じ結果になると本当に言えるの？」

「これまでの経験で上手くいったことはないの？」

「これまでの経験から次に活かせることはないの？」

　と問いかけることが、現実に合った考えを作ることになります。

　③心のフィルター（色眼鏡）
　出来事や相手、自分に対して、ある１つのネガティブな出来事にこだわって、その他の良い出来事を考慮に入れないという思考パターンです。

　例えば、「**失恋した。今までの人生、良い思い出なんて１つもない**」。

　このような自動思考が湧いたら、「**私は今、『心のフィルター』がかかっている**」「**私は今、『色眼鏡』で見ている**」と気づきましょう。

　〔**客観視する方法**〕
　「そうではなかったことはないだろうか？」
　「他のことでも同じようになるだろうか？」
　と問いかけることが、現実に合った考えを作ることになります。

　先入観や固定観念など、あなた自身の「当たり前」が色眼鏡

を作り出しています。

　生きていれば良いことばかりではありません。ときには理不尽で不条理なこともあるでしょう。

　だけど実際はそう悪いことばかりでもないはずです。あなたの人生を退屈にさせているのは、あなた自身です。心の色眼鏡を通して見ていると、悪いことだけが抽出されてしまいます。

　思い込みという色眼鏡をはずして、鮮やかに創造していきましょう。

④マイナス化思考

　良い出来事を無視するだけでなく、良い出来事を正反対の悪い出来事にすり替えてしまう破滅的思考パターンです。

　③で紹介した「心のフィルター」は、ある出来事の肯定的な側面を無視する状態ですが、「マイナス化思考」は、肯定的な側面の価値を引き下げることにより、いっそう悪い認知の歪みのパターンを作り出します。

　例えば、**「今月の営業成績が良かったのは運が良かっただけだ。自分の実力ではない」**。

　上手くいけば「まぐれだ」と思い、上手くいかなければ「やっぱり」と考える。

　認知の歪みのパターンの中で、もっとも破滅的な考え方です。

　このマイナス化思考があると、どんなに前向きに考えようとしても、同じ力でマイナス方向の力が働きます。それは車に例えると、アクセルを踏み込みながら、同時にブレーキをかけているような状態。一向に前に進みません。ただただ大量にガソリンが消費されるだけなのです。

　この波動の低さは、エネルギーの消耗が激しく、悪循環です。

　このような自動思考が湧いたら、「私は今、『マイナス化思考』になっている」と気づきましょう。

［客観視する方法］
「あなたの大切な人が同じ状況になった場合、その大切な人の考えに同意する？」
「もし同意するのなら、同意した理由をどういうふうに伝える？」
　さらに、
「そう考えるメリットは何かある？」
　と問いかけることが、現実に合った考えを作ることになります。

　問いかけをしても、この悪循環から抜け出すことは難しいかもしれません。まずは自動的に出てくるマイナス化思考に「気

づく」ことから始めてください。無意識の思考を意識的にすることで、第六章で述べる「慈愛フル・ビブリオセラピー」の実践があなたを助けてくれるはずです。

⑤結論の飛躍（心の読みすぎ・先読みの誤り）

証拠や事実をもとにした根拠もないのに、一気に悲観的な結論に飛んでしまう思考パターンです。

飛躍的推論をする人は、感情的な独断や修正困難な固定観念、自分勝手な思い込みで「心の読みすぎ」「先読みの誤り」といった、不適切な自動思考を導いてしまいます。

例えば、**心の読みすぎの場合「夫はいつも帰宅が遅い。浮気しているに違いない」**。

このように、相手の行動の意図を悲観的に結論付けてしまいます。

例えば、**先読みの誤りの場合「この会社で働いても一生貧乏のままだ」**。

このように、将来の自分を悲観的に結論付けてしまいます。

これらの自動思考が湧いてきたら、「私は今、『心の読みすぎ思考』『先読みの誤り思考』になっている」と気づきましょう。

〔客観視する方法〕

「その結論の根拠となる事実は？」

「その結論に反論できる事実は？」

「根拠となる事実と反論できる事実を踏まえた現実的・客観的な考え方は？」

と問いかけることが、現実に合った考えを作ることになります。

⑥拡大解釈と過小評価

　自分の短所や失敗を過大に評価して（拡大解釈）、自分の長所や成功は過小に評価する（過小評価）思考パターンです。

　他人の成功を過大評価し、他人の欠点は見逃す「双眼鏡のトリック」とも言われます。

　自分を実際より低く見積もり、否定的に捉えてしまう一方で、他人を実際以上に高く見積もって、余計に自分はダメな人間だと根拠なく信じ込んでしまいます。

　例えば、**拡大解釈の場合「完成した論文を見直して提出したのに誤字脱字があった。私は無能だ」**。

　この例は、誤字脱字を過大に考えているので「誇大視」になっています。

　些細なことで、今までのことが100%の失敗になると考えて

しまうので、「全か無か思考」とも言えます。

　例えば、**過小評価の場合「私の努力なんて、他人から見たら努力に値しない」**。

　この例は、自分のプラス面を認めようとせず、自分の力を正しく評価することができません。

　まるで心の中に、いじめっ子といじめられっ子が同居しているような感じです。

　マイナス面を過大に拡大解釈すれば、それだけ余計に不幸な気持ちになるでしょう。

　プラス面を過小評価して認めなければ、それだけ幸せな気持ちにはなれないでしょう。

　どちらも不幸になる考え方です。

　これらのような自動思考が湧いてきたら、「私は今、『拡大解釈思考』『過小評価思考』になっている」と気づきましょう。

　［客観視する方法］

　どちらの場合も、立場を変えて考えてみると違う見方ができます。

「他の人も同じように考えるだろうか？」

「同じように考えないなら、その人はどう言うだろうか？」

　と問いかけることが、現実に合った考えを作ることになります。

⑦感情的決めつけ

　実際の状況や理屈ではなく、自分の感情が、事実を証明する証拠のように考えてしまう思考パターンです。感情的決めつけは、ネガティブな思考、感情が前面に出てきてしまい、ポジティブな思考、感情が後退しているような場面で生じやすい「認知の歪み」のパターンであることを考えれば、③「心のフィルター」と密接な関係を持つことが分かります。

　例えば、**「私がモヤッとするのだから、あの人の性格は相当悪いに違いない」**。

　自分のネガティブな気持ちを根拠に、自分の考えが正しいと結論を下してしまうパターンです。
「何となくあの人とは合わない」と感じたときに、ただ「合わない人」と思うのではなく「悪い人に違いない」と結論付けてしまいます。

　このような自動思考が湧いたら、「私は今、『感情的決めつけ思考』になっている」と気づきましょう。

［客観視する方法］

ひとまず感情は横に置いておくことが重要になります。

「そう考えた根拠となる事実は？」

「その結論に反論できる事実は？」

と問いかけることが現実に合った考えを作ることになります。

⑧すべき思考

「絶対に～すべき」と、強迫的な義務感に取りつかれてしまう思考パターンです。

「すべき」は完全主義思考や理想化欲求の思考なので、自分が「～したい」という自然な欲求や願望を見失ってしまいます。

自分に対する要求水準が異常に高く、「すべき」思考が要求してくるレベルの目標を達成できないと、自己否定感・自尊心の喪失や、圧倒的な無能力感に襲われます。

さらに他人に対しても、自分限定の「すべき」「すべきでない」ルールを要求してしまいます。他人の行動は、多くは自分のルールに合いませんから、苦々しく、イライラや怒りを感じることが多くなってしまうのです。

「常識的に考えて」「まともな人間なら」というようなフレーズは、「すべき」思考の変形です。自信満々で言っていても、その人の気持ちの根っこには不安があります。

　不安が強い人ほど「すべき」思考によって、他人にも同じ行動を要求します。

　例えば、**「上司は絶対に数字を上げるべき」「男として家族のためにもっと稼ぐべき」**。

　このような自動思考が湧いたら、「私は今、『すべき思考』になっている」と気づきましょう。

〔客観視する方法〕
「すべき」「しなければ」「すべきでない」という考えは、「〜が望ましい」「〜するにこしたことはない」くらいに薄めるだけでも心に与えるプレッシャーが軽減し、現実に合った考えを作ることができるようになります。
　理想が高すぎて、理想通りでないことに苦しんでいる方は、「すべき」という外部的な動機よりも「したい」という内部的な感情を大切にしてください。

　⑨レッテル貼り（ラベリング）
　自分や他人を、１つの物事あるいは１つの側面しか見ずにイメージを作り上げ、ネガティブなレッテルを貼る思考パターンです。

レッテル貼りをする人は、柔軟な考え方ができず思考停止を起こしていて、本質が見えなくなってしまうのです。1つの事象だけによって、すべて同じにしか解釈できなくなってしまう心理に縛られます。

　②「一般化のしすぎ」より深刻な認知の歪みと言えます。

　例えば、**自分に対して「子供の発熱に気づくのが遅かった。私は母親失格だ」**。

　例えば、**他人に対して「ずっと実家暮らしの男はマザコンだ」**。

　人は、頻繁にレッテルを貼ります。
「あの人は頭が良い」「あの人はチャラい」「あの人は育ちが悪い」など、ちょっとした噂や1回の行動だけで、人の人格や性格、アイデンティティにレッテルを貼ってしまいます。

　一度貼り付けた「レッテル」は、なかなか剥がせません。

　レッテルに当てはまらない行動を目にしても、貼り付けたレッテルを証明する事実ばかりが目に入るようになってしまいます。

　このような自動思考が湧いたら、「私は今、『レッテル貼り（ラベリング）』しているな」と気づきましょう。

　〔客観視する方法〕

「そう判断した根拠となる事実は？」

　その「質」を検討することが、現実に合った考えを作ること

になります。

　⑩個人化（過度に個人的に取ること）

　ネガティブな出来事・悪い結果の原因をすべて「自分のせい

だ」と思い込んでしまう思考パターンです。具体的な根拠がな

いにもかかわらず、「自分のせい」でこんな悲惨な結果になっ

たと信じ込んでしまうので、強烈な罪悪感や自責感による抑う

つ感（絶望感・無気力）が生じてしまうことがあります。

　例えば、「立て続けに問題が起きるのは、私が疫病神だからだ」。

　必ずしも自分だけの責任ではないのに、必要以上に自分を責

めてしまいます。

　また、誰かがあなたに対してネガティブな行動を取ったとき

に、自分に問題があるからだと思ってしまいます。

　このような自動思考が湧いたら、「私は今、『個人化思考』に

なっている」と気づきましょう。

［客観視する方法］

まず、「自分のせいだけなのか？」と考えてみる必要があります。

次に、「自分以外」として、どのような原因があり得るかすべて書き出しましょう。

この認知の歪みである「個人化」の正反対は、「責任転嫁」。自分に責任があるのに、あたかも「周りが悪いんだ」と責任逃れをするタイプです。個人化は責任感が強すぎ、責任転嫁は無責任すぎる。この両極端の中間が、責任を伴いながら自分の役割をこなし、周りも見えるバランスの良い思考でしょう。

認知の歪みまとめ

認知の歪み自体は誰でも持っています。でもそれが極端すぎると、自分自身をどのように感じるか、他人が自分のことをどのように感じるか、周りの世界をどのように感じるか、創造していく人生に支障が出るほど影響してしまいます。極端に歪んだ捉え方は、ネガティブな思考や感情が強化され、よりネガティブになるものです。

心には自動的に思考が湧く「オートマモード」と、意図的に思考する「マニュアルモード」があります。

　オートマモードは、反応的で、しばしば過度にネガティブな意味付けをします。

　マニュアルモードは、受容的で、あるがままに受け止めることができます。

　本来人間は、心のモードをそのときの状況に応じて、オートマ・マニュアルを柔軟に変えることができます。

　そのための一歩が、「気づき」なのです。

　それでは、「気づき」を得るため、自分の思考に極端な歪みがないか、10種類の認知の歪みをチェックしてみましょう。

１．ネガティブな出来事が起きたら、頭に浮かんだ考えと感情を紙に書き出す。

２．潜んでいる認知の歪みが、どのパターンに当てはまるか判断する。

（１つの出来事に複数の認知の歪みが潜んでいる場合もある）

３．現実を受け止め、現実に合った考え（適応的思考）を作る。

　私は、他人の感情など様々なエネルギーが心に流れ込んできやすく、そのエネルギーに干渉されやすい体質です。特に大勢の人が集まる場所や人混みでは、周囲の人から必要のない情報を無意識に受け取ってしまうので、頭の中はとても忙しくなり

ます。

　以前は、冷や汗が出る・目がピクピク痙攣する・頭痛・吐き気がする・両手両足に真っ赤な湿疹が出る（学生時代に病院で紫斑病と診断されました）などの身体的症状が出ていました。

　そして、極端に感情の起伏が激しい人、極端に依存的な人との継続的な付き合いは、エネルギーの強さに引っ張られてしまい、相手はとても元気になるのですが、私は胃潰瘍になるほど消耗してしまうようなこともありました。

　誰かと一緒にいれば、その人のエネルギーを受け取ることは、誰にでもある経験だと思います。ただ私は特に敏感で、良くも悪くもエネルギーをもらいやすいようです。

　そんな私が「認知の歪み」を学んだことは、生きづらさを解消するきっかけとなりました。

　まず、この感情が「自分自身のものか？」、あるいは「他人のものか？」を自分に問いかけることができるようになりました。そして「マインドフルネス」を普段の生活の中で活用することで、「気づき力」がより一層強化されたのです。

　さらに「波動の法則」に出合い、波動を深く理解し、起こる現象を波動で捉えていくと、ポジティブ思考などの手法では、持続的な効果を残せない理由が理解できるようになりました。

　どんなにポジティブに考え続けても、アファメーションし続けても、内側の固定観念が変わらなければ、「本当の自分」が持っている無限の力を発揮することはできません。

　そして、「本当の自分」が持っている無限の力に制限をかけているものの正体が、「認知の歪み」であると理解できるようになったのです。

　この認知の歪みの根底には、スキーマと呼ばれる固定観念が存在します。スキーマとは、今まで蓄積してきた体験や知識がまとまって体制化されたもので、それがもとになって、自動的な考えが浮かんでくるのです。

　私は、母親の再婚相手に虐待され続けた経験があり、その結果、「男は残酷かつ非情だ」「私は愛されない」というスキーマ（固定観念）が出来上がっていました。

　このスキーマ（固定観念）を大人になってからも持ち続け、男性を「見る」という五感の刺激を受けたとき、そのスキーマによって「男は、怖い」という評価をしていたのです。

　さらに、その男性が父親に似ている（視覚）とか、怒鳴り声を上げる（聴覚）などが加わると臨場感が増して、「男は、怖い」という評価はさらに強くなります。

　このように「男は残酷かつ非情だ」「私は愛されない」というスキーマを持っていましたが、生きづらさを引き起こしている根っこの部分、このスキーマに焦点を当て「真実とは違うん

だ」という気づきを得る機会が増えたことによって、新しいものの見方をしていくことができるようになりました。

　私の内側意識を書き換えたことで、短気な上司は異動になり、その後、穏やかな上司と仕事ができるようになり、短気だった夫は、おやじギャグを飛ばす一緒にいて楽しい夫となったのです。あれほど行く先々で短気な男性に遭遇していたのに、今ではほとんど出会いません。たとえ遭遇したとしても、それは私に学ぶべきことがあるというサインですから、私がその出来事をチャンスと捉え、そこから気づきを得られれば関係性が変わるのです。

　私のクライアントの多くは、感情が津波のような威力を持っていて、感情をコントロールできない状態になっている人たちです。このような激しい感情に苦しむクライアントが、新しいものの見方ができるようになると、ネガティブな気分になったとしても、その気分を「今この瞬間」の感情としてありのままに見つめ、過剰に突き詰めなくなります。他人の行動にイライラしても、「私は今イライラしているな！」と客観的に見られるようになるのです。万が一、怒りが爆発してしまっても、過剰な自己批判などで憂うつを長引かせることがなくなります。

　支援する立場である私の最大の喜びは、「もうこれ以上、こ

の苦しみには耐えられません」と訴えていたクライアントが、「歪んでいた思考や不調和も大きな人生のシナリオの一部であり、今の幸せに繋がっている。無駄な時間は少しもなかった」と話してくれて、笑顔で暮らしていることです。

　認知が歪む大きな原因は、「愛情の欠如」や「存在を否定されていると感じること」です。
　認知の歪みから脱するには、自己肯定感を高めること。そして自己肯定感を高めるには、そのままの自分を認めて受け容れる「自己受容」がとても重要です。
　でも私たちは、自分をあるがまま受け容れることはなかなか容易でありません。

　次章では、「自己肯定感」について話していきます。

第二章

自己肯定感を高める
慈愛のビブリオ

セルフイメージは自己肯定感と密接にリンク

　自己肯定感を高めることが、高い質を持った感情を育て、願望実現を発動させるエネルギーとなります。実に様々な行動に影響を与える自己肯定感ですが、セルフイメージを書き換えることで、回り道することなく自己肯定感を高めることができます。

日本人の自己肯定感は世界でも最低レベル

　私たちは、もともと高い自己肯定感を持っていました。

　本来持っていたはずの高い自己肯定感とは、「自分には生きる価値がある」「自分は大切な存在だ」という具合に、自らの価値や存在意義を肯定できる感情のことです。

　これはけっして、自分を過大評価するということではなく、自分の良いところも悪いところも含め、すべてを受け止められる前向きな感情であることがポイントです。

　文部科学省所管の独立行政法人国立青少年教育振興機構が平成29年度に高校生を対象として実施した調査によると、日本の高校生はアメリカや中国、韓国の高校生と比べて自己肯定感が低い傾向にあることが分かりました。そして、高校生だけでなく、日本人の多くが自己肯定感に課題を持っていると考えら

れています。生まれてから長い時間をかけて、親や関わってき
た人たち、育った環境や人生経験という多くの複雑な要因が絡
み合い、自己肯定感が低くなっている人が多いのです。

　自己肯定感は、自分の好きなところを探して高めるものでは
なく、自分という存在を無条件に受け容れること。それは、自
分の存在を大切にする、感じ方を肯定する、試行錯誤を許し、
温かい注意を向けながら生きる、ということです。

　自己肯定感の低い人の話を聞いていると、そこには**必ず極端
な認知の歪みが潜んでいます。**
　人は、生まれ育った環境や今までの経験などの中で、様々な
制約を受けながら育ちます。
　すると、徐々に「〜したい」という感覚が減ってしまい、「自
分が本当は何をしたいのか？」すら分からなくなることが多々
あります。そんな自己肯定感の低い人が行動するときの基準は、
たいてい「〜したい」ではなく、「〜べき（すべき思考）」であ
ることがほとんどです。

　例えば、「親の期待に応えて一流大学、一流企業に入るべき」。
　この場合は「〜したい」という主体的な思いはなく、ただ親
の顔色や世間、常識に流されているだけと言えます。このよう
に「〜べき」で自分を縛っていくと息苦しくなってしまいます。

常に「ありのまま」を否定され、「〜べき」で塗り替えられてしまうからです。

　また、「〜べき」で生きていると、他人にも「〜べき」を要求するようになっていきます。
　私たちは、他人に影響を与えることはできても、他人をコントロールすることは絶対にできません。
　なぜなら、他人であるその人の現実は、その人が放っている波動で創られているからです。
　思考（物事の考え方）によって感情が湧き、その感情の波動に相応した物事が起こります。
　つまり、他人を変えようと試みることは、できないことをしようとしているわけで、徒労によりストレスを溜めることになるだけ。他人の思考はその人のものであって、あなたは入り込むことはできないということを覚えておいてください。

波動を上げたい人に潜む罠
　私たちは、潜在意識のセルフイメージ通りの自分を生きて、その通りの現実を受け取っています。
　出会う人間関係、周囲から自分がどんな扱いを受けるか、仕事なら就く地位・収入など、自分に関係する様々な分野、すなわち人生全般に大きな影響を持っています。

この**大きな影響力のあるセルフイメージとは、「自分に対するイメージ」「自分への思い込み」**です。

あなたは、自分に対してどんなイメージを持っていますか？

私は、保育園の頃から自己肯定感が低く、学生時代、社会人になってからも「誰からも愛されない」「結果を出さなければ必要とされない」「結果を出したら出したで利用される」という酷いセルフイメージを持っていました。

あらゆる行動の動機が、「愛されたい・必要とされたい」でしたので、真面目に勉強して良い成績を取る、自分のことを後回しにして他人のお願い事を引き受ける、自分が苦しいのに他人の相談に乗る、都合のいいように利用されていると感じても笑顔で気づかないふりを通す、そんなことばかりしていました。

そこまでやっても自分に自信が持てず、いつも何か足りないと感じていました。

良い人、優等生の私は仮の姿であり、もともと持っていた感情は潜在意識の奥底に閉じ込め、ひたすら痛みに耐えていました。

セルフイメージの低さからくるネガティブ思考のせいで生きづらい……。

そう思うことが、誰でも一度くらいはあるかもしれません。

一般的な日本人は、概してネガティブ思考に陥りがちです。

それは、そもそも**人間は生まれつきネガティブな経験に焦点を当ててしまう性質がある**からです。

私は、学生時代は就職活動に有利になりそうな資格を次々と取り、就職後は勤めている会社にとって必要な資格を次々と取るなど、いわゆる自分磨きのようなことをしてみたのですが、どんなことをしても「自分のことが大嫌い」という事実は変わりませんでした。どれだけ努力をしても「やっぱり私は、誰からも必要とされないダメ人間だ！」に戻ってしまうのです。付け焼き刃では修正が利かないほどのセルフイメージでした。

とても生きづらい人生を創っていた私のセルフイメージですが、「波動の法則」「潜在意識」「マインドフルネス」を徹底的に勉強、そして実践したことで、未来に希望を持てるようになり、セルフイメージが書き換えられ、自己肯定感が高まっていったのです。

潜在意識については、ナポレオン・ヒルの名著『思考は現実化する』、潜在意識の法則を提唱したジョセフ・マーフィー、自己啓発世界の偉人として知られているデール・カーネギーの名著『人を動かす』、同じく自己啓発の名著であるスティーブン・R・コヴィーの『７つの習慣』など、様々な成功者がその方法

論を発表しているので知識としては知っていましたが、どうしても上手く扱うことができずじまい。

　上手く扱うことのできない得体の知れないものだと思っていた潜在意識でしたが、マインドフルネスを使い、自分の心の動きを観察しながら生きていくことで、「これだ！」と思えるコツを掴めるようになり、もう一度、心理学の様々な学派を徹底的に学びたいと、しばらく朝から晩まで心理学浸けの日々を過ごしました。

　この学びの時期があったからこそ、誰にでも使える具体的で実践的な方法である「慈愛フル・ビブリオセラピー」が生まれたと思っています。

　セルフイメージが低いままでは、自分の能力を過小評価して物事に限界を設けてしまいます。
　しかしセルフイメージが高まれば、自分の能力に自信を持ち、自分が持っている本来の能力を自然と使い、本当の自分をどんどん表現することができます。
　潜在意識は、セルフイメージ通りの自分であり続けることを第一優先として動き続ける性質があります。だからこそ、認知の歪みに気づき、セルフイメージと自己肯定感を一緒に高め、波動を最高の状態にしていくのです。

何を選択するか？

　具体的にどんなセルフイメージを持ちたいのかを明確にすると、それに準じた選択をするようになります。人はセルフイメージ通りの行動を取るので、セルフイメージが低ければ、自信のない行動になり、高ければ、それに準じた行動と言葉を選択し、欲しい結果を手にすることができます。自分自身が自分に与えている価値が、そのまま現実に顕現されるということです。

　波動の法則や引き寄せの法則などは、「願望が実現した！」「全然実現しない！」と、どうしても結果に意識が向かいがちです。結果を気にすることは、けっして悪いことではないですし、結果が出るのは嬉しいものです。しかし、早く結果を出したいあまり、縋り付くような心情や、解決策を「見えない何か」に強く求める依存的な心性だと、効果を期待するのは大変難しくなります。

　その心性が、本当の自分に還るための波動作りを困難にします。波動の法則や引き寄せの法則に惹かれる人の多くは、そんな心性を少なからず抱えているのではないでしょうか。

　波動の法則や引き寄せの法則は、結果に焦点を合わせるのではありません。

　あなたが、少しでも「今、良い気分」を自分で選べたら、その時点で、１つ成功です！

　この小さな小さな成功体験の積み重ねによって、成功の習慣ができていきます。

　こうしてできた成功パターンは波動を高め、「私は必ず成功する」というセルフイメージを構築します。そして、それが潜在意識の中に擦り込まれ、セルフイメージ通りの道を歩むようになるのです。

　しかし波動を高めることは、口で言うほど簡単ではありません。

　自己肯定感を高める、セルフイメージを高めるのは、何だかすぐにでも結果が出せそうに思えてしまいますが、実際はどうでしょうか。

　例えば「私は不幸がお似合い」と思っていた人が、「私は幸せになる価値がある」と心の底から思えるようになるには、思考を選択して、良い気分を保ち、波動を高くするために相当の努力が欠かせません。しかしその努力が、意識が空疎なものや強い義務感に根ざしたものであると、「私は幸せになる価値がない」という実感を強めることになってしまいます。

　やみくもに時間をかければよいというわけでもありませんし、努力・忍耐ありきでもないのです。

　これらの問題を解決してくれるのが、「**マインドフルネス**」

です。

　自分の思考のクセに気づかずに、自動操縦状態で思考している人は、私の知る限りとても多くいます。

　しかし、自分の思考のクセに気づくようになると、思考を切り替えたり、新しく仕切り直すなど、自分なりの工夫ができるようになります。

　マインドフルネスは直訳すると「注意深く」という意味ですが、それに伴う心の繋がりである「慈愛の心」、つまり優しく寄り添うように「気づく」ことができるようにもなります。

　実践すればするほど、自分自身の人間性を高めていくことができるので、自己肯定感とセルフイメージも高まっていきます。

　マインドフルネスの「気づき」は、心のマッサージです。
「考える」モードから「感じる」モードに即座に切り替えてくれるリラックス法と言えます。

　常に頭の中は不安や葛藤でいっぱいという人ほど、マインドフルな状態を経験すると「気持ちいい」と実感できるので、努力が気にならないようになり、継続が苦でなくなります。

　人や物で溢れ返っている昨今、目には見えない心の中も、思考が溢れて大洪水を起こしているはずです。不要な考えを捨ててすっきりすることで、「本当に自分にとって必要なことは何か」に気づくことができるでしょう。

今のあなたのセルフイメージに問いかけてみましょう！

　次の質問に正直に答えてください。必ず紙に書き出してください。※「書く」習慣で人生に差がつきます。

　これは、心理用語では「思考の外在化」と言い、脳が「本当の望み」に気づく準備をしてくれます。

●自分の価値は何で決まると思いますか？

例）他人からの評価で決まる。私は外見が劣っている。

●仕事の価値は何で決まると思いますか？

例）肩書き。社会的地位。年収。私は万年平社員だ。

●お金とは？

例）使ったら無くなる。だから欲しいものを我慢して貯金する。体調が
　　悪くても無理して働く。

●あなたの選択基準は？

例）一般的か平均的か。損か得か。私は何をするにも損しないかをまず
　　検討する。

●あなたにとっての幸せとは？

例）外部要因（物など）。周りに羨ましがられるような立派な家を建てること。

●あなたにとって失敗とは？

例）失敗は許されない。一生の恥である。

　書けましたか？

　今、書いていただいたものが「今のあなたのセルフイメージ」です。

　私は、ゴールデンウィークやお盆、年末年始も積極的に出勤し、努力してたくさんの資格を取り、立派な肩書きもいただき、収入も十分ありました。

　しかし、どこまでいっても自信が持てないのです。

　そして、「私は、いつまで頑張り続けなければいけないのだろう」という思いが強くなった矢先、働けない状態になってしまったのです。

　職場で心臓発作を起こし、救急車で運ばれて手術を受け、そして長期入院生活の始まりです。

　入院日数が長くなるにつれ、私が今まで積み重ねてきた努力がじわじわと消えていくのを、ベッドの上でただ感じるしかありません。

「私の心臓はどうなるのだろう」という不安もありましたが、それよりも、やっと手に入れた自分の居場所である会社での立場のほうが心配でした。

　与えられた仕事をこなすだけではなく、自発的に行動して重要な仕事を任されるようにまでなったのに、「キャリアが一瞬にして水の泡となった」「出世コースからはずれた」という絶望感。「消えてしまいたい」という思いが湧いていました。これまで築いてきたものが無くなってしまう言い知れぬ恐怖にのみ込まれ、冷静な判断ができない状態だったのです。

　1年ほどは、ただベッドに横たわり天井を見つめているだけ

の虚しい日々です。ところが、そのベッドの上で、自分の思い込みと向き合い、理想の生き方を設定する大きなきっかけがありました。

理想の自分を設定して生きるようになった私のセルフイメージがこちら！

●自分の価値は？
　自分自身の評価や賞賛で決める。
　ありのままでいい。

●仕事の価値
　自分を表現する手段の1つ。

●お金とは？
　愛と感謝のエネルギーで循環させるもの。

●私の選択基準は？
　本当の望みかどうか？　気分が良いか悪いか？

●私にとっての幸せとは？
　本当の望みに気づき意図的に人生を創造する。

●私にとって失敗とは？
　気づきを得るためのギフト。

　私にとって長期の入院経験は、気づきを得るためのギフト
だったのです。
　毎日、時間に追われ、ゆったりとした気持ちで過ごすことが
ありませんでしたから、この入院生活が、「本当の自分」に還
るための出発点となりました。

　精神が調和すると、それに共鳴して肉体も調和する──。
　退院後は、ＤＢＴ（弁証法的行動療法：スピリチュアルな視
点を取り入れた心理療法）を学べる環境に巡り合い、学んでい
く中で、いかに私が狭い価値観で生きていたのかに気づいたの
です。

　ＤＢＴとの出合いがなければ、目に見えない存在を信じるこ
とは絶対になかったと思います。
　私は、「スピリチュアリティ」に対する理解を深め、心理学
とスピリチュアルの研究を同時進行していくことにしました。

　特にＤＢＴの中核的なスキルであるマインドフルネスは、私
自身が実践することで、次々と気づきをもたらしてくれました。

マインドフルネスに惚れ込んだ最大の理由は、エネルギーの影響を受けやすい私の体質の支えになってくれたことです。

その恩恵は、潜在意識を自動的に書き換えるスピードにも反映されます。

マインドフルネスの実践によって、頭の中のうるさい思考・極端な思考に「気づき」、それらのバランスを取ることが可能となり、ハイヤーセルフ（魂）との調和が保ちやすくなったのです。

徹底的に受け容れてマインドフルなセルフイメージに！

ここでは、ＤＢＴの中でも重要なスキルである**「徹底的受容」**を実践的に学んでいきましょう。

私たちが、自分自身と世界に対してこれまでと異なる見方ができるようになることは、「本当の自分」に還るための重要なスキルの１つです。

徹底的受容とは、批判せずに完全に何かを受け容れることを意味します。

ただし、**徹底的に何かを受け容れることは、何もかもすっかり諦めて、自分に起こるすべての悲惨な状況を受け容れるとい**

うことではありません。

　徹底的に受け容れるには、マインドフルネス（今この瞬間の現実に気づきを向け、それに対する思考や感情には囚われないこと、そしてそれを踏まえた心を込めた生き方）とアクセプタンス（嫌な体験を回避しないでありのままに感じようとする積極的努力、そして日常生活への応用）という２つの態度が必要になります。

　私たちは、考えていることを自動的に事実と思い込みがちな仕組みの中に生きています。これが悪循環に陥ると、疎外感や抑うつ感や、被害妄想に囚われてしまうことになります。
　そして、この仕組の解除が、マインドフルネスの目指すところなのです。

　言葉は強力な連想能力を喚起します。
「赤い車を思い浮かべてはいけない」と言われた瞬間に赤い車が想起され、赤い車を頭から消すことができなくなってしまうように、「私には価値がない」「私は仲間はずれにされている」などの思いは心に焼き付いて、心の病に至ることもあります。
　このような「雑念」を消すためには、別のこと（呼吸などの観察）に心のエネルギーを集約し、そのようなモードにある「私」の状態をありのままに、避けずに、また価値判断せずに観察す

ることで、「(私には) 価値がない」「(私は) 仲間はずれにされている」などと感じている体験、その中心に想定されている「私」に振り回されないことに気づきを持たせるのです。

慈愛溢れる目で見守る

私たちの「無限の力」を開く鍵は、自分を愛する「慈愛」の心を持つことです。

自分を愛せば、周りに対しても愛を持つことができます。相手を愛せないのは、その相手に原因があるのではありません。自分を愛せないでいる気持ちが、相手に投影されているだけなのです。お互いに傷つけ合ってしまうのは、お互いに傷ついているからです。

小さな子供であれば、親からの愛情を受け取って愛を満たしていくことができますが、やがて親離れしていく頃に慈愛の心がなければ、愛に飢えてしまいます。

その結果、自己評価が低かったり、自分に自信がなかったりと、自分で自分を傷つけてしまうのです。

しかし、安心してください。

愛を与えるのに遅すぎるということはありません。

私たち人間は、自分自身に愛を注ぐ能力があり宇宙の愛と同調できるのです。

徹底的受容のワーク

次のワークは、徹底的受容を用いる際に自分自身に尋ねる質問です。

最近あなたが経験した嫌な出来事を考えてみましょう。

その出来事を徹底的に受け容れるのに有効な質問①～⑨に答えてください。

①最近起きた嫌な出来事は？

例）夫が結婚記念日を忘れていた。

②今回の出来事に繋がる過去の出来事は？

例）夫は結婚記念日だけでなく、誕生日などを祝う習慣がない家庭で育ったので、覚えていたためしがない。

③今回の出来事でのあなたの思考や行動は？

例）私のことを愛していない。とっても悲しい。

　　またかと思い腹が立ち、数日間、夫を無視した。

④今回の出来事での相手の言葉や行動は？

例）「何を怒っているの？」と心配そうに聞いてきた。

⑤今回の出来事であなたがコントロールできるこは？

例）「結婚記念日のお祝いをしましょう」と提案すること。

⑥今回の出来事であなたがコントロールできないことは？

例）誕生日などを祝う習慣がない家庭で育った夫の感覚を変えること。

⑦あなたの思考と行動は、相手にどんな影響を与えましたか？

例）夫と口をきかなかった数日間、夫はタバコを吸う本数が増えた。

⑧あなたは自分自身と相手が嫌な感情が起きないようにするために、この出来事に対する反応をどのように変えることができましたか？

例）誕生日などを祝う習慣がない家庭で育った夫を理解した上で、結婚記念日を忘れていたことが悲しかったという思いを伝える。そして来年から「結婚記念日のお祝いをしましょう！」と自分から伝える。

⑨あなたが徹底的に受け容れていたら、この出来事は違う結果になっていた可能性はありますか？

例）結婚記念日を二人でお祝いすることができて、悲しい思いをしなくて済んだ。数日間無視することもなかったし、楽しい会話をしてい

ただろうから夫はタバコをたくさん吸う必要がなかった。

繰り返す思考と湧き上がる感情と生まれた観念

私たちが一日に思考する回数は、顕在意識と潜在意識を合わせて約６万回、そのうちの約８割はネガティブな思考をしています。

潜在意識に蓄積されているネガティブな観念は、ネガティブな思考を繰り返したことによって生まれたものであり、それがそのまま具現化しています。

したがって、自分が経験することは、すべて自分が創っているということであり、外側から偶然に起こってくることはあり得ません。

思考が、いかに自分の人生を創り上げているかを知れば知るほど、考える内容について注意を払う必要があるということに気づくことができます。

気分が悪くなること、望まないことについて考え続けるのをやめること、嫌な気分になったときにはすぐに少しでも良い気分になるような、ポジティブな思考への転換を習慣にすることです。

今の現実を見て、それを創っている観念を探し出します。

感情は観念によっても湧き上がってきますので、感情から観

念を探すことができるのです。

「この感情が湧き上がるのは、私の中にどのような観念があるからなのだろう？」

「愛しています」は潜在意識浄化になる徹底的受容の言葉

私が、毎日心の中で唱えている４つの言葉があります。

ありがとう（Thank you.）

ごめんなさい（I'm sorry.）

許してください（Please forgive me.）

愛しています（I love you.）

この４つの言葉を唱えるのは、ハワイに伝わる伝統的なセルフクリーニング法で、「ホ・オポノポノ」と言います。ホ・オポノポノでは、４つの言葉を唱える相手は、他人ではなく自分自身のインナーチャイルド。インナーチャイルドとは、直訳すると「内なる子供」という意味です。一般的には子供の頃の体験による心のトラウマのこととされていますが、ホ・オポノポノでは、インナーチャイルドを「潜在意識」と捉えます。

人は成長するとともに、自分の感情を押し殺して人や社会に合わせるようになります。

　もともと持っていた感情は、潜在意識の中に押し込められ、痛みに耐えています。

　そして、大人になるとともに、その痛みは自覚できなくなってしまうのです。

　このようにして潜在意識に押し込められた自分本来の感情を、インナーチャイルドとして認識し、4つの言葉で癒してあげます。

　ホ・オポノポノでは、インナーチャイルドを癒すことを「潜在意識をクリーニングする」とも表現します。癒して、辛い記憶から自分を解放してあげるのです。

「愛しています」という1つの言葉には、他の3つの言葉（ありがとう、ごめんなさい、許してください）の意味が包括されているので、**「愛しています」だけで、他の3つの言葉を言ったのと同じ効果**があります。ですから「愛しています」だけで、クリーニング（心の浄化）してもいいでしょう。

　私の場合、ホ・オポノポノの4つの言葉を唱えることが習慣化したことで、日常生活で使う言葉も変わりました。普段の生活において、食べものが体を育てるように、言葉は心を育てているのです。

　ぜひ、体に良い食べものを選ぶように、言葉も選んで使って

みてください。

あなたの口から発した言葉は、耳から聞こえて頭を通って、心に到達しています。

言葉の力は心にとって、とても大きな影響があります。

人は不思議と、自分の口にした言葉に影響を受け、気づかないうちに言葉に合った行動を取っていくものです。

ホ・オポノポノの４つの言葉は、怒りや不安などのネガティブな感情が湧いたとき、「自分を落ち着かせてくれる言葉」としても効果があるので、ぜひ唱えてみてください。

意識をそらす

ネガティブな感情が続くときには、**徹底的受容の言葉（自分を落ち着かせてくれる言葉）**は、意識をそらす（マインドフルになる）のに有効です。

思い悩んでいる状態を一時的に止める役割を果たしてくれ、その状況は自分の過去の波動が創り出したものだと気づくきっかけになります。

結果、その状況を必死に変えようとせず、自分の波動を本来の自然な喜びの感情に戻す行動に繋げることができるのです。

ネガティブな状況から意識をそらすのは、決してネガティブな状況を避けるということではありません。コントロールでき

ないほど高ぶった感情が、落ち着いたときに対処するということ。強烈な感情に圧倒されてしまい、感情のコントロールができない人は、手が付けられないほどパニックになることがあります。まずは状況に対処する前に、気持ちを落ち着かせることが必要です。

「徹底的受容の言葉」で気持ちを落ち着かせることは、自分自身に愛を注ぐことであり、宇宙の愛と同調するための行動なのです。

　強烈な感情に圧倒されてしまう人は、子供のときに虐待されたなど、大変辛い思いを経験しています。

　そのような人たちは、自分を助けるよりも、自分を傷つけるすべを身に付けてしまっています。

　ですから私は、大変辛い思いをしてきた人たちに、自分自身に優しく、愛情を込めて接する方法があるということを知ってもらいたいのです。

　すでに起きてしまった「過去」の出来事の結果が変わることを期待しながら、必死になってその出来事の結果を変えることに「今」の時間を費やすことは何の解決にもなりません。

　私たちの人生は、「今」しか見えません。過去や未来はどうやっても見えない。明日でさえ何が起こるか分かりません。

　だからこそ、見えている範囲の「今の在り方」に集中してほ

しいと願っています。

　今の状況は、あなたの過去の波動が創り出したものが存在として見えているにすぎません。

　今ここにある現実を、何とか変えようと挑んだり、そんなはずはないと愚痴を言ってみても、あなたの人生に今までと同じようなネガティブな出来事が起きるだけです。

　ネガティブな感情に圧倒され心がノイズだらけになっているときには、「徹底的受容の言葉」を使ってみてください。**スイッチが入り、心に信号が送られ、意識が変わります。**現在の状況は自分の過去の波動が創り出したものであることを思い出すきっかけになるはずです。

徹底的受容の言葉を作るワーク

　マインドフルになるための徹底的受容の言葉を作りましょう。

　次にいくつかの例があります。

　例の中にあなたが使ってみようと思う言葉はありますか？

　なければ、あなたが使ってみたい言葉を作ってみてください。

●愛しています（私の場合）

●すでに起きたことを変えることはできない

●コントロール可能な瞬間は「今」のみ

●過去と闘うことは「今」を見えなくするだけ

自己肯定の高さと、自己愛の強い人の違い

　自己肯定感とよく勘違いされるのが、自己愛です。

　自己愛とは、「narcissism（ナルシシズム）」の日本語訳であり、自分自身を愛することや、大切に思うことを意味します。自己愛とは誰にでもある心理であり、人が生きていくために必要なことですから「健全なもの」と言えます。

　しかし最近は、自分の自己愛を守るために平気で他人を傷つけたり、人を利用したり、あるいは自分自身の自己愛が傷つかないように、自己愛が傷つく可能性のある場面を避ける現象が増えています。

「自己愛が強い人」のベースにある感情は「恐れ」です。なので、防衛的態度が出てしまい、他人の悪いところばかりに目がいってしまうのです。

　自己愛が極端に肥大化した場合は、「自己愛性パーソナリティ障害」と診断されることになるでしょう。本来は健全なはずの自己愛が、極端に肥大化すると自己愛性パーソナリティ障害と

なり、他人に悪影響を与えてしまいます。

　自己愛性パーソナリティ障害に陥った人は、とかく他人の行動を自分の都合のいいように変えようと試みます。自分を特別視して、自己の願望は他人が充足してくれることを期待します。

　大げさな自己主張、高慢な人、何か問題があると人のせいにする人、自分のことを正当化する人などを「あの人は自己肯定感が高い」と表現することが多いのですが、裏を返せばそれは「自己肯定感の低さ」に帰着してしまうのです。

　本人は自分を尊重している、自分のことは大好きと思っていても、同じように他人を尊重できないのであれば、けっして「自己肯定感が高い人」ではありません。

「自己肯定感」とは、自分という存在をありのまま評価し、長所だけではなく短所や弱点も含めて肯定的に捉えることができる感覚のことです。

　それは、何かができたり人と比べて何かが優れていると、自分の能力や今までの成果に左右されることなく、自分の存在そのものを承認し受け容れている自分を支える一番の土台となる感覚のことであり、この感覚をしっかり持っていることが「自己肯定感」のベースです。それが自分の自信を作り出す源となります。

「自己肯定感」は、自分に対して持っている感覚を、そのまま他人にも同じように向けられることが大前提となるため、「自己肯定感」が高ければ他人への思いやりも生まれてきます。

恐れや不安や、自己否定からではない安心感をベースにした真の意欲とともに、前に進む力を与えてくれるのです。

自己肯定感が低いと感じていた人が、自己肯定感を高めるスキルを身に付けて、自己肯定感の土台ができると、自己価値が揺らがなくなり、やがて「自分がやることは上手くいく」という自己効力感を持てるようになります。それが願望の実現を早め、課題に直面したときには自己信頼の高い状態で乗り越えていけるようになる秘訣です。

真の自己肯定感

「慈愛」の波動は、振動幅が細かく最高に高い波動です。

「感謝」の波動は、無条件の愛の１つであり、慈愛と同じく最高に高い波動です。

最高の波動は、最高のものと同調します。

自分は素晴らしい存在である。

自分の存在そのものに価値がある。

自分は自由に創造できる創造主である。

こうした気づきが、真の自己肯定感を生むのです。

「自分は価値のない人間だ」と思っている場合、その思考自体がハイヤーセルフの「慈愛」の波動に抵抗しているということ、つまり同調していないということになります。

　私たちは変わる必要があるのではなく、そもそもの自分、「自分が人生の創造主である」ということを思い出すためにこの地球に生まれてきました。魂が肉体を持つことで、生まれる前に設定された人生の課題や使命は忘れてしまっていますが、潜在意識がクリーニングされ、潜在意識が書き換えられるたびに、「無限の愛」と「無限の力」を持つ創造主であることを思い出していきます。

　波動が高ければ、自分を不快にするような人と会うことはほとんどないでしょう。
　たとえ会ったとしても、自分の波動が高ければ、相手に影響を与えることはできても、相手の影響を受けることはありません。
　そして慈愛のエネルギーが強い人は、相手がどんな人でも、またどんな環境でも、その相手や環境の波動を上げてしまう能力の持ち主です。自分が相手から何か被害を受けたり、不快な思いをさせられたりすることはないですし、何ものに対しても

恐れがないのです。

　私たちの人生の目的は、この地球で魂と肉体と心との調和を楽しむことです。

　自分の肉体を大切に扱い、ありのままの自分を愛することです。

自分自身を愛することで最高波動となる。

これこそ、真の自己肯定感！

人生の価値を明確にするワーク

　あなたの人生における価値を明確にすることは、何度も繰り返し気分を悪くしている状況や相手に気づくためにも有効です。ストレスに強くなり、望む人生を創造する助けになるでしょう。

①次に挙げる10の価値観について、現在の状況に関係なく、正直に答えてください。価値観の重要性を0〜10で評価します。

（まったく重要でない場合は0、もっとも重要は10）

※「Ⅰ〜Ⅹ」に掲げてある数字は例です。

Ⅰ）家庭（親業・夫婦関係以外）　3

Ⅱ）夫婦関係または恋愛関係　10

Ⅲ）親としての役割　8

Ⅳ）友人・社交生活　2

Ⅴ）仕事　8

Ⅵ）教育・自己啓発　2

Ⅶ）レクリエーション　4

Ⅷ）宗教　0

Ⅸ）地域生活・ボランティア　3

Ⅹ）エクササイズ・リラクゼーションなど自己管理　7

②「質問①」で、5～10と評価したものは何でしたか？

　それが、あなたの人生で情熱を注ぎたいことです。

（例の場合、夫婦関係・親業・仕事・自己管理の4つ）

③5～10と評価したものを1つずつ、効果的に行動できるよ

　う魂と約束しましょう。

　大切にしたい価値観は、【　　　　　　】

　魂との約束は、【　　　　　　　　】

　具体的な行動は、【　　　　　　　　】

例）大切にしたい価値観は、【夫婦関係】

　　魂との約束は、【日曜日は仕事を休む】

　　具体的な行動は、【○月から日曜日は仕事をしない。夫と五感で楽し

　む自然散策をする。夫とカフェに行き美味しいコーヒーを飲みながら会話を楽しむ。夫にマッサージしてもらう】

※あなたが5〜10と評価したものすべてを魂と約束しましょう。

　情熱を注ぐことのできる時間をたくさん持つことは、そのほかの時間を過ごしているときもマインドフルな状態になりやすく、良い気分になる思考を選択する力を与えてくれます。

本当の自分である「意識」で生きる

　スイスの精神科医・心理学者で分析心理学（ユング心理学）の創始者であるカール・グスタフ・ユングによれば、「集合的無意識」において、人は個人的意識を超えて、高次元意識に繋がるとしています。

　心の構造図として一般的なのは、「顕在意識は海面に出ている氷山の一角であり、潜在意識は海中にある氷山のように大きい」という説明でよく知られる、氷山理論を唱えたユングの図です。（次ページ参照）

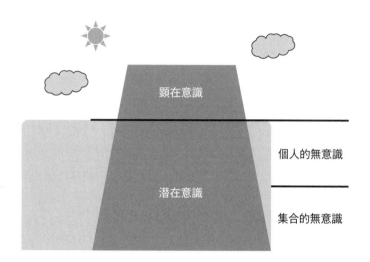

　海面から上に出ている部分が**「顕在意識」**で、決意・判断・選択する心の領域です。

　悩んだり、不安になったり、願望を持ったり、意識することのできる意識です。

　海面から下の海中部分が**「潜在意識」**で、意識できない無意識の領域です。

　夢・ひらめき・直観力など、無限の能力が蓄積されている意識です。

　ユングは、潜在意識をさらに**「個人的無意識・集合的無意識」**の２つに分けました。

個人的無意識は、個人的な記憶や経験に基づいている無意識のことです。

例えば、注射は平気なのに、点滴は見るだけで、なぜだか分からないが強い不安感に襲われる。

これはもしかしたら、幼い頃に病院で受けた点滴で恐い思いをした記憶が、個人的無意識に刻まれているのかもしれません。

集合的無意識とは、個人的無意識を超えた、より奥深い部分にある人類などに共通して伝えられている無意識で、すべてのものは意識の底において繋がっているとされるものです。

スピリチュアルの考えは、ここをもとにしている可能性もあります。

ユングはさらに、「意味のある偶然の一致」という「シンクロニシティ」を提唱しました。

私たちの日常生活では、不思議なことなど何も起こらないように見えますが、実はたくさんの不思議な偶然の一致で溢れています。

ユングは、「この世の中のものすべては繋がっていて連動している」と言います。

この繋がりは目に見えるものではなく、普段は意識の奥深い部分に沈んでいて、人間だけでなく、動物、植物、鉱物、この

世にあるものすべてを繋げています。

　そして互いに影響を与え合い、互いに連動して動いています。

　あなたには、こんな経験がありませんか？

　離れて住んでいる家族のことを考えていたら、電話がかかってきた。

　買おうと思っていたものを、たまたま誰かからもらった。

　会いたかった人にバッタリ会った。

　この偶然の出来事、これがシンクロニシティなのです。

　集合的無意識ではすべてが繋がっているので、「家族や友人に意識が届いた」「買おうと考えていたものをもらった」となり、スピリチュアルでは「引き寄せた」という表現になります。

あなたの望みはハイヤーセルフの望み

　私たちはこの三次元の物質世界で、魂を成長させるために生まれてきました。

　次に生まれるときには前世の記憶を持たずに生まれ、また様々な経験をして魂は成長します。

　ハイヤーセルフは、このように何度も生まれ変わった自分の大本の魂とも言えるでしょう。

　ハイヤーセルフについて詳しく知ると、現世の自分だけでな

く、前世を生きてきたすべての自分のことが心から愛おしく思えるようになります。

　なぜなら、自分を俯瞰し「私は頑張っている！」というふうに自分を認めることができるようになるからです。これまでの失敗も、それは失敗ではなく経験だったと優しい気持ちで「よく乗り越えたね！」と言ってあげたくなるでしょう。

　辛いことがあって号泣しても、泣きやむ頃には、「愛してるよ。すべて上手くいっているから！」と自分自身に言えるようになります。

　心から自分を愛することができるようになると、幸せや豊かさを遠慮なく受け取れるようになります。自分をないがしろにしていた頃よりも良いことがたくさん起きてくるでしょう。

　自分を愛することは、他の人に愛される人になるための必須条件です。

人生で起きる嫌なこと

　人生で起きる出来事は、現世だけを基準に考えると不平等に感じるかもしれません。

　たとえそうだとしても、人生に起きる出来事すべてはあなたの魂の成長にとって必要なことです。

「どうして私ばかりこんな酷い目に遭うのだろう」

　生きているとそんなふうに不平等を感じることがあります。

　そしてそれがやる気や希望、前向きな気持ちを奪ってしまうこともあるでしょう。

　そんなときこそ、ハイヤーセルフを思い出してください。誰もがそれぞれのハイヤーセルフと繋がっていて、それぞれが一生懸命に成長しようとしているのだと信じてください。

　たとえ相手があなたにとって酷い人であったとしても、その人から学ぶことはたくさんあります。出来事に過剰反応して自分の成長を遅らせてしまうより、「今この瞬間」を生きましょう。「今この瞬間」を生きることで、「人生の創造主であることを思い出す旅」の経験や価値に意味を見出すことができます。

　嫌な出来事とは、**「肯定的に物事を見る」**ことや、**「自分を肯定して愛する」**ことへ導くための経験なのです。

　自己価値を感じて自分の存在を肯定することは、幸福度に大きな影響を与えます。

「私は数千万円稼ぐからすごい！」「私はスタイル抜群だからすごい！」「私は有名大学卒だからすごい！」など条件付きの自信ではなく、条件に左右されない「ありのままの自分の存在価値」に自信を持つことができます。

　条件付きの自信は、裏を返せば自分に対して、稼ぎが悪かったら、スタイルが悪かったら、有名大学卒でなかったら「私は、価値のない人間です」と言っているのと同じです。

　畢竟、他人に対して、稼ぎが悪い人、スタイルが悪い人、有名大学卒でない人は、「価値がない」と言っていることになります。

　条件付きの自信は、条件が無くなった途端、抜け殻になることでしょう。

　私たちは、自分の存在価値を見出し、ありのままの自分で生き生きとしているとき、もっとも高いパフォーマンスを発揮します。ありのままの自分こそが成功であると考えれば、生き方に優劣はなく、もっといろいろな職業や生き方が存在する社会になっていくのではないでしょうか。

楽しい活動の記録

　あなたが、自分自身を愛しているとき、良い気分でいるとき、自分の気持ちに素直なとき、ハイヤーセルフとの繋がりはより強くなります。自己価値を感じて自分への信頼度が増すほど、ハイヤーセルフからのメッセージを受け取りやすくなるからです。

　感情のコントロールが苦手な人の多くは、自分を楽しませる

のが下手な人。

　良い気分でいることを軽視したり、除外したりします。

　結果的に、ネガティブな感情にのみ焦点を当ててしまって、ポジティブな快い感情に気づくことがほとんどありません。良い気分に焦点を当てるための方法の1つは、たとえ少しでも、毎日、自分自身のために楽しい時間を作ることです。特にエクササイズは、エンドルフィンという自然の鎮痛物質が脳から放出され、即座に良い気分になれるのでオススメです。

あなたにとって「楽しい活動」は何ですか？

**　楽しい活動の記録をつけましょう！**

「いつ」「何をしたか」「感情」「思考」

例）いつ：11月30日

　　　何を：夫と2人でコメディー映画を観た。

　　　感情：声を出していっぱい笑った。

　　　思考：夫と一緒に笑う時間をもっと作ろう。

楽しい活動の例

・ヨガ、チベット体操、太極拳など
・長い散歩
・サイクリング
・マッサージ
・ドライブ
・昼寝
・外食
・料理
・ペットと遊ぶ
・好きなものを食べる
・映画を観る
・買い物に行く
・本を読む
・カフェに行く
・瞑想する
・カラオケ
・図書館、美術館などに行く
・音楽を聴く
・楽器を弾く
・ゆっくりお風呂に入る
・温泉、銭湯に行く
・美容院に行く
・園芸
・日記を書く

あなたが楽しめる活動を書き足してください。

●

●

●

第三章

本当の自分に還る 観念のビブリオ

慈愛の心を持ってエゴに接する

　現在の日本では、第二次、第三次ともいわれるスピリチュアルブームによって、人生で起こることすべてにおいて、「自分の思考が現実を創り出している」という考え方がかなり広まってきました。

　書店に足を運べば、引き寄せの法則、宇宙の法則、波動の法則、鏡の法則、潜在意識の活用方法、ヒーリング、チャネリングなどの文字を目にするようになりました。書店に並ぶ本を見ると、人々の興味や関心、そして需要の表れを感じます。

　しかし、引き寄せの法則を実践しても上手くいかない、という話や情報を頻繁に見聞きします。

　私は、望みを叶えている人と叶えることができない人との違いは何だろうか？　と疑問を抱き、また純粋に信じたくもあり、真実を求めるようになりました。

　目で見える外側の世界だけを見て生きていると、ストレスや不安、痛み、大切なものを失った喪失感、失望感が必ず付いて回ります。私がこれらのことからすっかり解放されることができたのは、重要なのは目に見えるものではなく、それを動かしている背後にある存在だと身をもって経験したからです。

　純粋なる宇宙エネルギーを前向きに使えば、人生は意図的に創造していけます。

　目で見ることのできない精神世界に興味を持ち、疑問に感じれば調べることを繰り返してきた私にとって、「なぜ望みを叶えることができない人がいるのか」を究明することは重要なことでした。

　そこで、自分の人生を使ってあらためて研究することにしたのです。

　私は、規模の大小にかかわらず、考えたり学びに費やしたりする時間がとても多く、新しいものを形にするまでとても長くかかるのですが、この自分の人生を実験台にした研究については、答えが出るまでが早く、そして、私の人生を大きく変えるものとなりました。

　常に「ハイヤーセルフに導かれている」という当時の感覚は、今でも忘れることができません。

　私が、ハイヤーセルフに導かれて得た答えは、**「願望実現を妨げる固定観念を抱えているエゴ」を消し去ろうとするのではなく、慈愛の心を持ってエゴに接すること**です。

　ここでのエゴは、「自分勝手で自己中な人間」の意味ではなく、

この肉体を持って生活している三次元の思考のことです。そしてこのエゴは、生まれ育った環境、今まで経験してきたことなど、様々な事情の制約の中で生きてきた長い間に創り出した、たくさんの固定観念を抱えています。

エゴは自我意識で、「私」のもとですから、人間である以上誰もが持つものであり、無くなってしまえば人間としてこの世では生きることができなくなってしまうものです。

例えば、お金持ちになりたいという願望の場合、出発点は「こんな貧しい生活は嫌だ」というエゴであり、「お金は苦労しないと稼げない」などの固定観念を持っています。

願望の背後に願望実現を妨げる固定観念が隠れている限り、実現するのは「お金は苦労しないと稼げない」です。願望を叶えたいと思っているのに固定観念によって止める力が働いている状態なのです。結局、現状から抜け出せず、どこにもいけないままになることに。

そこで、潜在意識を書き換えるために、アファメーションとイメージングを使います。どちらも正しいやり方であれば非常に効果的な方法です。しかし効果が出ない人が多い。

顕在意識と潜在意識の力関係の割合は、「顕在意識１：潜在

意識9」でしたね。

　この力の差が、潜在意識を書き換えるのを難しくしている最大の理由です。

　なぜなら、無意識の領域である潜在意識を書き換えようとすること自体、意識的にする行動に当たるので矛盾を生じるからです。

　つまり、たった「1」の顕在意識で「9」の潜在意識を動かそうとするのですから、勝ち目はありません。

　アファメーションやイメージングで効果が出ない人は、潜在意識の書き換えに適さない波動で行っているのです。スピリチュアルでは「良い気分でいること以上に大切なことはない」と言われていますが、最高波動の「愛（慈愛）」を循環させることによってハイヤーセルフからの導きを受け、潜在意識の書き換えがスムーズになるのです。

　潜在意識の書き換えをどんな方法で行うにしても、始める前に、願望実現を妨げる固定観念を抱えたエゴに「気づく」ことが必要です。そして「慈愛」を取り入れること。

　この「気づき」「慈愛」こそが、固定観念を信念に書き換えるもっとも確実な近道です。

信念と観念の違い

英語の〝belief（信念）〟は、ポジティブとネガティブ両方の意味が含まれます。

しかし、日本語の〝信念〟は、信じることで上手くいく場合に使います。

反対に、上手くいかない場合には〝観念〟という言葉を使います。

本当の自分とエゴの願望にズレ

ハイヤーセルフは、あなたの顕在意識のことは理解できませんが、潜在意識にあることなら何でも理解し、応援してくれます。全知全能の神と繋がっているハイヤーセルフの導きを受けるには、あなたが顕在意識で感じるネガティブな感情を、ポジティブな感情へ転換していく「物事の解釈の仕方」のスキルを身に付けて、少しでも良い気分で過ごすことです。

「気づき」のスキルでもっとも強力なのは、マインドフルネスです。

私たちが変化させることができるのは、過去でもなく未来でもなく、「今この瞬間」しかありません。

マインドフルネスを実践していけば、ネガティブな感情や思考パターンもクリーンになり、潜在意識の書き換えがスムーズ

になります。

　私が、人生で何が起ころうとも、どんな状況に置かれようとも「私は、成長のプロセスにいるのだ」と思えるようになれたのは、慈愛のエネルギーの強さを身をもって体験したからです。

　制限型拒食症で餓死寸前にまでなった私の心臓は、食事を摂ることができるようになってからも、規則正しく鼓動を打つことはありませんでした。

　私は頻繁に起こる心臓発作で苦しむたびに、自分の内側に慈愛のエネルギーを届け続けました。

「ずっと食べないで体を痛めつけてごめんね。辛かったよね。苦しかったよね。

**　私らしく生きていいんだよって、サインを送ってくれていたのに気づけなくてごめんね。**

**　もう心臓発作でサインを送ってくれなくても大丈夫だから。ありがとう。**

**　自分のことを粗末に扱って餓死寸前にまるまで追い詰めたのに、鼓動し続けてくれてありがとう。**

**　一緒に幸せになりたい。愛してる」**

　慈愛の心を持つことができるようになって、親の犠牲の人生

だったという思いは浄化され、やっと精神的な自立を感じました。親を許すとか許さないではなく、親は私の魂の成長のために存在してくれている、強い絆で結ばれた大切な人。

そして親もまた、魂の成長のために必要なプロセスを歩んでいる。

私のエゴは、私の内側から温かいものを受け取り癒されました。

固定観念を抱えたエゴを融解し、変容させることができるのは慈愛のエネルギーであり、このエネルギーは、本当の願望と使命を教えてくれます。

私たちは、周りの環境や人に影響されやすく、エゴをずっと自分の本心だと思っていることが多いものです。例えば、他人が持っているものが欲しくなることもあるでしょうし、それが見栄からくることだってあるかもしれません。

このような願望は「欲」なので、本当の自分とエゴの願望にズレがあるために、叶わないのは当然です。間違った地図を渡されているようなものですから、目的地に辿り着くには大きく遠回りしてしまいます。

本当の自分に還るルートから脱線すると、ハイヤーセルフが感情や身体の感覚を通じて話しかけてくれます。その声に耳を傾けて軌道修正することが、願望が叶う最短ルートです。願望

が叶ったときにも、「あなたの人生は上手く進んでいるよ」と感情や身体の感覚を通じて話しかけてくれます。

　本当の自分は、魂が設定した必要最低限の願望しか抱きません。

　エゴが「あれもこれも欲しい」とエネルギーを注がなくなった分、本当の自分の願望に集中することができて、シンクロニシティや成功の連続がやってくるのです。

　つまり、本当の願望実現とは、「魂レベルの本当の自分に還る」ということなのです。

　エゴは最終的に、三次元で肉体を維持するために最低限の機能のみとなり、人生を操縦するのは本当の自分という、本来あるべき姿になっていきます。多くの人が、本当の自分に還り、魂の願いを叶えていけば、世界はもっと慈愛に溢れた素晴らしい場所となるでしょう。

本当の望みと思っているものはただの思い込み

　今、あなたが抱いている願望は、本当の自分が望んでいるこ

とでしょうか?

　その願望は、思い込みからすり替わったものかもしれません。

　例えば本当の望みは、ただ「素敵な着物美人になりたい」なのに、「得意なことでお金を稼ぐ」という思い込みによって「着付け技能士になって生計を立てよう」と、いつの間にかすり替わってしまう。それに気づかないまま、着付け技能士実現に向かって動き出すが、上手く具現化しなかったり、湧き上がる喜びを感じられなかったりする。

　これは、どこかで聞いたことのある成功を、自分の望みと思ってしまっているだけかもしれないし、周りからの影響かもしれないし、世間一般の常識による擦り込みかもしれません。

　自分を犠牲にして生きてきた人は、一時的に「休みたい」「何もしたくない」と思うかもしれません。そんなときは、まずしっかり休んでください。

「一生何もしない」と設定して生まれてきた人はいないでしょうから、現状を否定せず受け容れてあげてください。その望みを満たしてあげたら、今度は「表現したい」「もっと人の役に立ちたい」など、自然と新たな願いや意欲が必ず湧いてきます。

　常に「今この瞬間」の、あなたの内側の声を感じてあげるのです。

　周りの期待に応えなければとか、周りの目を気にして結局ありきたりな人生を送る。

　そして、自由に生きている人を羨ましがって自分のことをまた嫌いになる。

　そんな繰り返しをするほうが、一時的に休むよりよっぽど遠回りの生き方です。

「今この瞬間」の本音を積み重ねていった先に、本当の望みがあります。

　自分の本当の望みに気づいてあげられるのは、自分しかいませんからね。

やりたいことが分からないも思い込み

「自分が本当にやりたいことは何だろう？」と考えて、何か思い付いても、それが「本当に」かどうかとなると確信が持てない。また、そもそもやりたいことがまったく分からないという人も少なくありません。

　私のクライアントに、「現状を変えたい」でも「何をしていいのか分からない」、だから「教えてください」と言う人がいます。それも一人や二人ではありません。

「自分が本当にやりたいこと」を、どこかに探しにいく必要はありません。

　知っているはずなのに「分からない」と思い込んでいるだけなのです。または、やりたいことを大きく捉えすぎている、もしくは、やりたいことを「できない」とか「やるべきではない」と思い込んでいるだけです。

　仕事、趣味、家事、何であれ、「やりたいこと」は、自分の内側から出てくるものであり、やりたいことをやっているときは必ず幸せなはずです。

　自分の好きなことは分かっているのに、これは仕事にならないとか、お金にならないなど、エゴがやいのやいのと言ってきて、自分の内側との繋がりをピシャッと遮断してしまう。「好きなことは？」に対して純粋な気持ちを答えればいいのに、条件付きの答えを出してしまっているのです。

　仕事になるとかならないとか、現時点で考える必要はないのです。そんなことより「何をしているときが楽しいの？」「何をしているときに心が喜ぶの？」、それだけを意識すれば、そのものドンピシャでなくても、関連していたり、きっかけになったりと「本当にやりたいこと」に繋がっていきます。

　ところが、「自分の内側を見るのが辛い」「考えたくもない」というクライアントもいます。

　この場合、クライアントの「今、本当にやりたいこと」は、自分を犠牲にして生きてきた人と同じく、「休みたい」であることがほとんどです。

　心身ともに疲労困憊してエネルギーがすり減っているときは、小さなことですら決断できないほど、心の中が複雑に絡まり本当の気持ちが見えなくなっています。

　ストレスを感じていたり、ネガティブな気分のときには、正しい判断はできません。チャンスを逃したり、大事な要素を忘れてしまったり、情報が不十分なまま選択したり、平静時には考えられないような危ない橋を渡ってしまう人もいます。

　心の中が自分の人生にとって重要でないことで占領され、好きなこと、やりたいことが奥深くに追いやられて見えなくなっている人は、まず、**好きでもないのにやっていること、嫌なことを１つひとつ手放してみてください。**１つひとつ手放して、１つひとつ消えていくと、やがて奥深くに追いやられ見えなくなっていた「自分が本当にやりたいこと」がちゃんと出てきます。

　最初は、「何を食べたいのか」「どれくらい寝たいのか」など

小さなことからでいいので、自分の望みを叶えてあげてください。小さな望みから始まって、「やりたいこと」をやっている時間が長くなればなるほど、人生の幸福度は上がっていきます。自分のできる範囲で少しずつ進めていってみてくださいね。

〈天職〉得意でもやりたくないことは続かない

　私は、本を読むこと、文章を書くことが大好きです。

　特に読書は、集中すると周りが見えなくなるほど好きで、本さえあればテレビのない生活でも平気です。

　テレビや映画の場合だと、立ち止まるとそのまま内容が進んでしまいますが、本ならいくらでも立ち止まって思考を深めることができるので、自分のペースで楽しめます。

　そして私は、メンタルヘルス講演活動「話すこと」を仕事にしていますが、もともとは人前で話すのが苦手で、**緊張のあまり声と手が震えてしまう**ほどでした。大勢の前で講演を堂々と行えるよう、みっちり講話訓練を受けてきたからこそ得意だと言えるようになりましたが、けっして好きではありません。

　私は人に何かを伝える方法としては、「話す」より「書く」

ことのほうが好きだったので、メンタルヘルス講演活動を手放そうと考えた時期がありました。自分の内側と何度も向き合っていくうちに、なぜかある時期から、いくつかのアイデアがポンポンポンと湧いてきて、ホワイトボードに書きながら講演するスタイルに変えることができました。講師である私が一方的に演題で講演するのではなく、参加していただいた方と対話をしながら進めていくエネルギーの交流は、とても幸せな時間です。

　自分が楽しく活動できるやり方、そしてそれを求めてくれる企業様に恵まれたことで、自分が順調に成長し、伝え方の精度が上がり、手応えを感じる講演活動ができていると自負しています。

　人の脳は、複雑なことを短時間で多く処理するのには不向きで、一度にたくさんのことを聴くと、メモを取っていても、傾聴していたとしても、それを理解できるかどうかは別の話です。
　理解していない話は記憶にも残らないでしょうから、「話す」ことに頼っていたのは得策ではなかったのです。でも文章や図など、伝える側の意図を何度も確認できる媒体を加えたことで、なかなか伝わらないもどかしさがなくなりました。

　しかし、それでも私の場合は、大勢の前で話す講演より、個

人セッションや 3 〜 10 人の少人数の参加型の研修のほうが、参加者の方とコミュニケーションが取りやすく、スキル習得効果が高いと感じていますので、**手放せるものは手放し、ワークショップ形式に変更できるものは変更**しています。

自分がいたい場所で生き生きと

　心の底から「これだ！」と思う、あなたにとっての天職は必ずあります。

　それは人生のテーマであり、あなたにしかない価値、役割です。

　朝起きてから夜眠りに就くまで、目にするもの、耳に入ってくるのものすべてが何に繋がるか分かりません。ヒントはどんなところからやってくるのか分からないのです。間口は広いほうが多くの情報、楽しみを見つけやすいでしょう。

　自分が少しでも良い気分で過ごすことを続けているだけで、ヒントはいろいろなところから入ってきますから、「自分にしかない価値、役割なんてない」と自己否定したり、「自分にしかない価値、役割は何だろう」と考えを巡らせすぎないことが大切です。

　幸せの形、人生の形は人それぞれ違います。どこに幸せを感じるか、何に人生の意義を見出すのか、自分の人生は自分の選択であって、他人に判断されるものではありません。

　日本を出て、わざわざ危険な国や地域へ行って活動したいという人もいます。
　専業主婦として、家族にいろいろなことをしてあげたいという人もいます。
　芸能人になって有名になりたい。食の安全を求めて農業をやりたい。今の会社で力を発揮したい。
　幸せの形は、人によって実に様々です。

　私たちには宇宙から与えられた、それぞれ輝くことのできる役割があります。
　役割と言うと縛られる感覚があるかもしれませんが、役割は自分を縛り付けるものではなく、自分を豊かにするものです。
　自分がいたい場所で、自分の役割を楽しく果たしてくいくことが天職です。

　世の中すべての人が、お金持ちになりたいわけではありません。
　世の中すべての人が、有名人になりたいわけでもありません。

　あなただからこそ出せる「価値」というものが必ずあります。

愛することを仕事に選ぶ

孔子の言い伝えに**「自分の愛することを仕事に選べば、あなたは一生のうち、一日たりとも働く必要がなくなる」**という格言があります。この孔子の言葉ほど真実に近いものはないと思います。

自分の真我から出たものであれば、情熱を持ってできるし、ときには大変なことがあったとしても、おもしろい、楽しいと感じ続ける心でいられます。

例えば、英語を使う仕事がしたいという憧れを持っているのであれば、英語の勉強は楽しいはずです。

もし勉強に前向きになれないなら、または情熱を持てないなら、それはただ職業に対して、外側の情報から判断した「これが良さそう」という思い込みであって、内側からくる純粋な憧れではないでしょう。

この場合は本当の自分（真我）からくる望みではなく、エゴからくる望みです。

私のクライアントに、パンを焼くことが大好きな女性がいらっしゃいます。本当はパン職人になることを望んでいるのですが、「自分以上に才能がある人は無数にいるし、自分にはできる気がしないから」とその望み自体を封印して、最初から無かったことにしていました。

　そんな彼女のご相談は、「本当にやりたいことが分からなくて無気力です」というもの。

「仕事になりそうにない」「この程度のパンでは誰も買ってくれない」「お金がない」と、本当にやりたい内側の思いを封印した「分からない」の言い訳の数々は、彼女の固定観念や思い込みです。

　本当にやれるか試しておらず、実体験をまったく伴わない、今まで生きてきた世界の常識だけを鵜呑みにした固定観念や思い込みは、彼女にその通りの現実を創っていました。

　彼女は、すでに心の底では分かっている「本当にやりたいこと」の蓋を閉じ、鍵までかけていました。望みに関して固定観念を持っていると、行動できず、または行動しても望みは叶いません。たとえ実現したとしても、いずれ苦しい状況になるでしょう。

　彼女は、時間をかけて自分が持っているいくつもの固定観念を書き換えていき、「生きている意味が分からない」という状態から、「やりたいことをやって、後悔せずに生きていきたい！」と笑顔で話せるようにまでなりました。そして今は「寝ても覚めてもパンのことばかり考えています」と言っていただけあっ

て、季節商品や新商品に力を入れる魅力的なパン職人になっています。

　　リラクゼーション誘発技法
「私が、情熱（愛）を持てることって何だろう？」
「私の天職って何だろう？」

　日頃、あれこれと思考がうるさく、「今」を見失う傾向にある人は、脳が緊張状態でまったくリラックスできていません。これでは思考がぐるぐる巡るだけで、自分の内側にある魂の声を聞き取ることはできるはずもありません。
　ここでは、**脳の緊張を素早く低減できる簡単なリラクゼーション誘発技法**をご紹介します。

①まず、リラクゼーションを誘発するあなたのキューワードを作ります。
　　キューワードとは、心の状態を引き出す「合図」となる言葉です。

　　私のキューワードは、「〇〇〇」
　　例）「リラックス」「今ここ」「マインドフル」

②深呼吸を３回ほどしてからキューワードを唱えます。

※次に紹介するリラクゼーションの練習を数週間続けること

　で、この②のSTEPだけで、速やかにリラックスできるよ

　うになります。

◆リラクゼーションの練習

Ⅰ）まず、座り心地のよい椅子に深く腰掛け、手は膝の上に置

　きましょう。

　足は組んだりせず、床に両足を着けます。

Ⅱ）目を瞑って、深呼吸を３回ほど繰り返します。

Ⅲ）目を瞑ったまま深呼吸を続け、頭上に「宇宙からの白い光」

　が降り注ぐのをイメージしましょう。その光が、深呼吸する

　たびに頭頂部で光り続け、リラックスさせてくれるのを感じ

　ましょう。

Ⅳ）深呼吸を続けながら、その光が**頭頂部からゆっくり包み込**

　むように滑り降りてきて、額（眉間）、首（喉）、胸（心臓）、

　腹（へそ）、下腹（丹田）、脊髄の基底部（肛門と性器の間）

　の順に降り注がれ、身体の力が順々に抜け、リラックスして

　いくのを感じましょう。

※この「順」は、頭頂部（第七チャクラ）から脊髄の基底部（第

一チャクラ）となっており、重要な意味があります。

　人間には7つのチャクラがあり、頭頂部のチャクラが開くことで、宇宙と繋がることができます。

Ⅴ）深呼吸を続けながら、息を吸うときに心の中で「吸って～」、息を吐くときは心の中で、①で作ったキューワード『○○○』を言ってください。これを数分間、繰り返します。
　例の場合、息を吸いながら「吸って～」、息を吐きながら「マインドフル～」となります。

　キューワードに焦点を当てているとき、あなたの身体の緊張が解き放たれているのを感じてください。
　この技法の最終的な目的は、「**②の数回の深呼吸とキューワードを思う**」だけでリラックスすることです。

やりたいことをやって本当にお金は後から付いてくるのか

「本当の願望であればそれは叶い、そしてお金は後から付いてくる」
　この言葉、信じるのが怖いですか？

夢を追いかけて、夢のままで終わって、お金に苦労している人が実際に存在します。

そして、「お金は出したら入る」「使うと増える」と聞いて、お金をどんどん使ったけれど、何の効果もなくただの無駄遣い「死に金」になったという人も存在します。

そう考えると、この言葉を無条件に信じることは、かなり難しいかもしれません。

私たちが生きていくためにお金は必要なものです。

正しく使えば、自分や家族、周りの人たちを幸せにすることができます。

ですから、お金があったほうがよいと感じるのは当然のことですし、「お金が欲しい」と望むのも自然なことだと思います。

お金の悩みを持っている人は、「お金は苦労しないと稼げない」「お金を欲しがるのは卑しい」「お金は汚い」「お金はトラブルのもと」といった、お金に対して何かしらのネガティブな観念や思い込みを持っています。

お金にどんな意味を持たせて得るのか、これによって結果は大きく変わります。

例えば給与や報酬に対して、「辛い思いをした対価」という固定観念を持っていれば、辛い思いをしながらお金を得るケー

スが多くなります。

お金は純粋な愛である「慈愛」の後に付いてきます。
家族や他人の人生に「喜び」を与えたいという慈愛の思いが、お金の循環を良くするのです。
つまり自分の喜びを追求し、周りの人の喜びを最大化すれば、お金の流れは強くなるのです。

お金の流れが良くなる使い方

多くの人は、漠然と「お金が欲しい」と望みますが、それはその先にある、ものや経験を手に入れたときの「感情」を味わいたくて望んでいるから。

お金の流れを良くするには、自分が最大限に喜ぶ使い方をすることです。
次の例のようなお金の使い方では、あなたの魂を満たすことができません。

・必要ないもの、たいして欲しくないもの、使わないかもしれないものを買う。
・ストレス解消が目的で買い物をする。
・ただの見栄で高級ブランド品を買う。

・本当は品質の良い価格が高いものが欲しいけれど、我慢して
品質の悪い安いものを買う。

　この例は、「価格が高い・安い」が問題なのではありません。
お金を使うときの思考が大切なのです。
　機械で大量生産した商品より、職人が１つひとつ魂を込めて
作った商品のほうが波動は高いでしょう。
　ただし、価格の安いものや値引きされたものは波動が低いと
いうわけではありません。

　例えば「このお洋服きっと似合うわ」と、愛おしい我が子の
喜ぶ顔を思い浮かべてワクワクしながら選んだ服ならば、価格
が高い・安いにかかわらず、親の波動とその服の波動は高いの
です。
　けっして価格が高い・安い、手作り・既製品などが価値を決
めるのではありません。そのときにワクワク感があるかどうか
が重要なのです。

　安くても品質や機能に満足して喜びを感じているのなら、そ
のとき放たれる**波動はリッチ**です。
　問題なのは「私は安いもの、値引き商品しか買えない」とい
う思考から出る**プアな波動**です。

得た喜びは一瞬で、すぐに減ったお金に意識を向けるのではなく、**「得た喜びに意識を向けて喜びを味わい尽くす」**こと！

お金はエネルギーであり、エネルギーは循環してこそ巡りが良くなります。毎日本当に好きなことで自分を満たし、自分の周りに愛を与えれば、プロセスは考えなくてもお金の流れは良くなります。

想像以上に自己慈愛が必要

日本は先進国の中でも、自己受容できない自己肯定感の低い人が多い国でしたね。

自己肯定感が低いと、「地位も名誉もお金もない」などと、自分の存在そのものの価値を下げてしまいがちなのです。

これを心理学用語で、**「ディスカウント」**と言います。

日本人の自己肯定感の低さは、日本の文化的・歴史的な背景とともに、教育のシステムや働き方、家庭のあり方や子育てなど、様々な要因が考えられます。

本来なら、戦後目覚ましい経済復興を遂げ、他の国々に追い

付け追い越せとグローバル化が進み、国際感覚を備えた人たち
が増えていったことで、自信を持って仕事に取り組む人、自信
を持って日本という国を世界の中で表現してもいいはずなの
に、実際は諸外国に比べて自己肯定感が低い人が多い。

　これは、平和で豊かな日本にいながら、将来への希望が持て
ず、自己価値を感じられないからかもしれません。自信や、他
人との良好な関係、そして他人への思いやりが持てないために、
閉塞感や生きづらさを創ってしまっている。

　自己肯定感の低い日本人は、欧米人をはじめとする外国人よ
り、自分に対して無意識に制限をかける傾向があります。この
根深い制限に対して**パワフルな助けとなるのが「慈愛のエネル
ギー」**です。

　欧米人が「理想の結婚」や「理想の仕事」を望むとき、日本
人よりも純粋に「自分はその望みを抱く価値がある」と考える
傾向が強い気がしています。

　日本人の場合、同じように「理想の結婚」や「理想の仕事」
を望んだとしても、心の中で、「自分にはそんな価値はない」
もしくは「望みさえ叶えば自信が持てるようになる」と思うケー
スが多く、その考えが「意図的に人生を創造する」ことを難し
くしているのかもしれません。

私たちは、**自分が思っている以上に自己慈愛を必要として**います。

　辛いとき、自分のありのままを見つめて、そして自分に問いかけてみてください。

「この状況をどうしたいの？」

　そして「もっと楽に考えていいのよ」と、自らの呪縛を緩めてあげてください。

　この自分への許可は、けっして自己中心的な考えから行うものではなく、また自分に対する言い訳でもありません。包み込むような優しさで、頑張りすぎる自分を緩めてあげるためのものなのです。

　エゴの観念や思い込みを、慈愛のエネルギーで癒してあげましょう。

　ネガティブな価値判断（評価）をしている瞬間を捉えるワーク

　自分や他人の経験に対して、価値判断（評価）をしていることに気づくには練習が必要です。

　ネガティブな価値判断をしてしまったときの記録を、最低1週間は続けてみてください。

　（心理学の見地から1週間の中で、曜日による変化もあること

が分かっています）

　自分が価値判断をしているその瞬間を捉えることで、日常的にマインドフルになれる力を付けることができます。

　自分がどのように反応しているかを眺めることのできる平静な状態が身に付き、常に自分の内側（心の感覚や本心）に敏感になり、外側（他人・環境など）で起きていることに対して影響を受けることが限りなく少なくなります。

「いつ、どこで、何を」を記録します。

例）日曜日：自宅で

　　息子が志望校に合格するのを願ってサポートしているのに、勉強しない息子を見て不安になった。

　　月曜日：車通勤中

　　強引な割り込みに「軽自動車だから馬鹿にされた」と怒りを感じ、「自慢できる車が欲しい」と思った。

　　火曜日：仕事中

　　出世を目指しているのに、仕事でケアレスミスを連発して「自分は無能だ」と自信喪失した。

※水木金土も同じように記録しましょう。

ネガティブな価値判断（評価）を手放す視覚化のワーク

　日常的にマインドフルになる力を付けるために「ネガティブな価値判断（評価）をしている瞬間を捉えるワーク」を紹介しました。

　次は、併せて取り組むと効果的な**「ネガティブな価値判断（評価）を手放す視覚化のワーク」**を紹介します。価値判断は、ネガティブ感情を誘発し、マインドフルになるのを妨げてしまいます。

　この技法の目的は、ネガティブな価値判断が生じるのを観察し、価値判断の渦にのみ込まれないように手放すこと。視覚化の技法なので、想像力を必要とします。

　いくつか紹介しますので、あなたがしっくりくるものを選んでください。

　もし、しっくりくる技法がなければ、あなたのアイデアを自由に書き加えて実践してみてもかまいません。

　ネガティブになるようなことが起きたとき、即座にその価値判断と感情に向き合って、観察を始めましょう。

例）事実：夫の帰宅が遅い

　　価値判断：浮気しているに違いない

　　感情：悲しみ、怒り、絶望感

●あなたの心は空です。そして思考と感情は流れる雲です。

　あなたの**価値判断と感情**が雲に乗って漂い去るイメージを持ちましょう。

●あなたの心は、ベルトコンベアです。

　あなたの**価値判断と感情**を箱の中に入れて、ベルトコンベアの上を流れ去るイメージを持ちましょう。

●あなたの**価値判断と感情**を、心の中で一歩下がって、もう一人の自分が見ているイメージを持ちましょう。

●２つのドアがある部屋にあなたはいます。

　あなたの**価値判断と感情**が、一方のドアから入ってきて、もう一方のドアからサッと出て行く場面をイメージしましょう。

●あなたのアイデアを記入してみてください。

「ま、いっか」くらいがちょうどいい

　私たちの**身体に存在する波動**の中で、もっとも重要なのは「感情」です。

　感情が持つ波動（周波数）を意識的に活用すれば、人生を意図的に創造することができます。

　波動を上げるために、自分が感じていることを常に意識して

生活するのは素晴らしいことです。

　しかし、やり方を間違えるとかえって波動を下げることになります。

　ネガティブな感情が湧いたとき、「落ち込まないように」「感情的にならないように」と必死に抑え込んでいる人がいます。さらに、ネガティブになるのを恐れて、無理に受け止め方をポジティブにする人もいます。このような見せかけだけのポジティブでは波動は上がりません。

　本来あなたが自然な状態のときは、無理に波動を上げなくても、すでに高い波動の状態です。

　高い波動であるにもかかわらず、波動を上げる必要があると思うと、かえって波動を下げてしまうことになるのです。

　真面目な人ほど完璧に感情のコントロールができない自分に落胆して、どん底までへこんでしまいます。人が感情の生き物である以上、ずっと良い気分でいることはそもそも無理なこと。

　自分自身にイライラしたり、こんなふうに感じるなんて馬鹿だと自問したりしても、感情体験をコントロールしたくなったり、もっと抵抗したくなる結果になるだけです。

　もう自分を責めることはやめて、自分の心の動きを見守るこ

とを覚えていきましょう。

　瞬間的に湧き上がる一次感情を否定して、さらにネガティブな二次感情を誘発するのではなく、自分の感情を見守ってあげるのです。

※出来事に対する最初の反応（瞬間的に湧く強い気持ち）を一次感情と言います。
この一次感情に対する感情反応を二次感情と言います。

　例えば、だらだらと愚痴を言う親友に対して、「こんな弱い人だったのか」と失望した（一次感情）。
　私も親友に愚痴を聞いてもらったことがこれまで何度もある。
　それなのに、私は親友のことを弱い人だと決めつけてしまった。
「私は、なんて心が狭いんだろう」と考え、罪悪感が湧いた（二次感情）。

　このように、感情の負のループに陥ってしまう。
　怒り、不安、悲しみなどのネガティブな感情が湧くことは、問題ではありません。
　問題は、ネガティブな感情に振り回され、いつまでも抜け出せないことにほかならないのです。

波動を理解して、ネガティブな感情を単に「ダメなもの」として遠ざけるのではなく、きちんと扱うことができれば、人生の質はより高まります。

　もし、あなたが負のループに陥りやすいタイプなら、ネガティブな感情が湧いた瞬間に、**「ま、いっか！」**とつぶやいてみてください。

　この言葉には、不安をいったん断ち切る効果があります。ふっと肩の力が抜けるのを感じることでしょう。

　もし、１回つぶやいただけでは効果を感じることができなければ、心の中で連呼してみます。
「ま、いっか！」は、高ぶった感情をフラットにするもっともシンプルな方法。あなたを素早くマインドフルにしてくれるはずです。

今どのレベルの波動を出しているか

　人間の脳は生まれつき、ネガティブな経験に焦点を当てる性質があります。

　私たちの祖先は、日々命を脅かすような様々な危険に晒されていた歴史から、生き残るために緊迫した状況に対応できる脳へと発達していきました。

　このような人間の進化の過程で、脳はネガティブな思考が記憶に留まりやすく、そのため人は喜びよりも、ネガティブな経験に焦点を当ててしまうようになったのです。

　喜びなどのポジティブな経験を持続させるには、今ある小さな幸せを感じる心を育てていくことです。

　小さな幸せも大きな幸せも、幸せの質において違いはありません。

　大きな幸せを毎日味わうことは難しいけれど、小さな幸せなら毎日味わうことができるはず。

「大きな幸せこそが幸せ」「多くの人から評価され誇れるものが幸せ」「〜があれば幸せ」など、これらは自分の幸せを制限してしまう考え方です。

「過去に感じた幸せや、今ある幸せは大した価値がない」「人と比較して自分の幸せを評価する」「一時の幸せなんて虚しい」などと、自分の幸せの価値をディスカウントしてはいけません。

　制限やディスカウントは、幸せを感じにくくしてしまいます。

自分の幸せに気づく能力と、幸せを十分に感じる能力は、本当の自分に還る過程で育っていきます。

「幸せに気づき十分に感じる」。これは「良い気分」を選択することを意味します。
　ただし勘違いしないでほしいのは、悲しみを押し殺して、悲しくないふりをするということではありません。きちんと悲しむことは必要なことです。そして、その悲しみを内観してみるといろいろな気づきがあります。

　例えば大切な人が遠方に引っ越してしまい、今までのように会えなくなって悲しい。
　このとき、外側の事実だけに焦点を当てるのではなく、自分の内側を観察してみるのです。
　自分の悲しみを内観して掘り下げてみると、遠くへ行ってしまった大切な人への「愛」を感じます。
　悲しみはゼロにはならないけれど、「愛している」感情を内側から強く感じている状態です。
　これは、「悲しみ」の波動が「愛」の波動に変わった瞬間なのです。

　あなたの今の気分は、エイブラハムが提唱したといわれている「感情のスケール」で調べてみることができます。

　あなたが抱く感情は、大まかに次のような22種類に分類することができるはずです（次ページ参照）。

　数字が小さい感情ほど「良い気分、高波動、高次元」であり、数字が大きくなるにつれて、その感情は良い気分から離れていき「悪い気分、低波動、低次元」のものになっていきます。

【感情のスケール】

1. 喜び、大いなる気づき、自信、自由、愛、感謝
2. 情熱
3. 熱意、やる気、幸せ
4. ポジティブな期待、信頼
5. 楽観
6. 希望
7. 満足
8. 退屈
9. 悲観
10. ストレス、苛立ち、短気
11. 戸惑い
12. 失望
13. 疑い
14. 心配
15. 非難
16. 落胆
17. 怒り
18. 復讐
19. 敵意、激怒
20. 嫉妬
21. 自信喪失、罪悪感、自己卑下
22. 恐れ、苦悩、憂うつ、絶望、無気力

(『「引き寄せの法則」のアメージング・パワー——エイブラハムのメッセージ』エスター ヒックス（著）, ジェリー ヒックス（著）, Esther Hicks（原著）, Jerry Hicks（原著）, 秋津 一夫（翻訳）／ナチュラルスピリット／2014年9月発行)

良い気分と悪い気分

気分が悪くなる出来事があったとしましょう。

何をしていても気分が悪く、そのことを考えるたびに気が滅入ります。

この感情を言葉にするとしたら **「22 苦悩」** でしょう。

鬱々とする悩ましい問題を頭の外に追い出して、家事や仕事などに集中できれば気分は改善するかもしれませんが、今現在の感情とかけ離れた感情にひとっ飛びに駆け上がるのはそう簡単なことではありません。しかし、考え方によってどう感じるかに気づくことができれば、今すぐ少しでも気分の良い思考を目指して、感情のスケールを上り始めることができます。

「22 苦悩」の原因が、大切な約束を守ってもらえず最悪の事態を招いたことが原因としましょう。

鬱々と苦しみ悩む「22 苦悩」状態から、この問題に対して **「17 怒り」をしっかり感じる** と、いくらか気分が楽になるはずです。

あなたが選択した「17 怒り」の思考は、その前に味わっていた「22 苦悩」よりは気分が楽だということを受け容れられれば、感情が改善したことを認めた途端に「22 苦悩」は和らぐのです。

なぜならば、「22 苦悩」から「17 怒り」に感情のスケールが

上がったからです。

　多くの人は、怒りをいけないものと思っており、怒りを抑え込もうとします。
　しかし、**怒りをしっかり感じないで抑え込んでしまうと、またもとの「22 苦悩」に戻る**しかなくなってしまいます。

　怒りとは、相手を打ち負かし、力ずくで押さえ付けるための外に向けた感情ではなく、自分を守るための大切な感情です。

　まず「怒りを感じていること」に気づくこと。
　その上で「怒りを感じている自分」を裁かない、責めない。
　ただ、ありのままを受け容れる。

　次に、「17 怒り」を選択して気分が楽になったと気づいたなら、「17 怒り」より抵抗の小さい**「10 苛立ち」**などの感情にも移行できると分かってくるはずです。
　このように、さらに感情のスケールを上げていき、気分の良い状態に戻っていきます。

　感情には「良い気分」と「悪い気分」の2種類しかありません。

　心に思うこと、頭で考えること、それらすべてが、あなたの波動として放たれます。

　ネガティブな思考は重苦しい波動を広げ、関わる人たちに嫌なムードを伝えます。

　私たちは生きていく上で、様々な気分を体験します。それは楽しいことばかりではありません。

　しかし嫌なことがあったからと、いつまでもそこに意識を留めておけば、それがあなたの人生の設計図となり、ネガティブな道のりを進まざるを得なくなってしまいます。

　深呼吸してみる。

　楽しい活動をしてみる。

「ま、いっか！」とつぶやいてみる。

　どれだけ早く、重い気分から遠ざかれるかなのです。

　不幸を数えて生きていくより、小さな幸せを数えて生きていきましょう。

　長い目で見れば、少しずつ幸せの平均点が上がっていくことが、一番の幸せだと思います。

宇宙と調和融合

波動の法則以外にも、共振の法則、引き寄せの法則、宇宙の法則など、様々な名前の付いた法則がありますが、同じ波長のものは共鳴し、磁石のように引き寄せられ自分の周りに集まって具現化するという意味では、どれも同じ教えです。

共通して言えるのは、もっとも高い波動は**「宇宙と調和融合している」**状態だということです。

宇宙エネルギーは、引き寄せを起こすパワーの源ですから、良い気分を保ち、高い波動でいれば、宇宙愛のエネルギーがふんだんに身体に流れ込んで、今まででは考えられないことが起こり始めます。本当の自分として生きている状態になるのです。

この状態は、全知全能のもう一人の自分であり、同時に自分にとって唯一無二の真の導き手であるハイヤーセルフと繋がっていることを意味します。

ハイヤーセルフは、あなたの本当の望みを叶えてあげたいと思っている慈愛の存在ですから、最良の方法・タイミングで、あなたの望みを叶えようと全力で愛を注いでくれます。

高い波動と同調している人は、楽しくワクワクすることを受け取っているので、心は感謝に溢れて穏やかでいられます。

　逆に、低い波動に同調している人は、他人のダメなところ、イライラすることや環境ばかりが目に入るので、怒りの沸点が低いのです。

　では、今よりも高い波動に同調するにはどうしたらよいのでしょうか?

高い波動に同調するワーク

　起きている出来事の一部に焦点を当てている状態から、広く全体的に見るワークです。

①あなたが最近、気分が悪くなった出来事を思い出してください。

　何が起きましたか?

例)同僚のD子さんに「おはよう!」とあいさつをしたら無視された。

②その結果、どのように考え、どのように感じましたか?

　(自分の思考と感情を見極めましょう)

例)思考:「私のことが嫌いなんだ」

　　感情:気分が悪い。腹が立った。

③あなたの「思考」と「感情」を判断した根拠は?

　(あなたの日頃の「フィルタリング」が判明します)

例) いつも通り「おはよう」とあいさつしたのに初めて無視された。

　　センスが良く華やかなD子と違って、私は地味だから馬鹿にしているに違いない。

④その考え方（思考）や感じ方（感情）と相反する判断は？

例) D子は、いつもランチに誘ってくれる。

　　私が仕事で困っていると助けてくれる。

⑤判断（③と④）を検討してみて、偏りのない考え方と感じ方は？

例) D子があいさつを返してくれなかったのは今回が初めてだ。

　　私はD子のことを親しい友達と思っていたので悲しかった。

　　しかし、私の「おはよう！」のあいさつがただ聞こえなかっただけかもしれない。

⑥この状況で、波動を高めるためにできることは？

例) 相手（外側）に対する怒りに囚われてエネルギーを費やすのではなく、

　　自分の内側を満たすことを考えよう！　深呼吸してリラックスする。

第四章

目を瞑らない、座禅もしない、日常すべてが瞑想

慈愛の心で見守る

　マインドフルネスは、南方仏教から発生した瞑想法を英語にした言葉です。

　本来の言葉は、パーリ語の「サティ（sati）」で、中国では「正念」と訳されました。

　英語で「mindful（マインドフル）」とは、「注意深く」という意味ですが、それに抽象名詞を作る「ness（ネス）」を付けてマインドフルネス（mindfulness）となったのです。

　1979年頃にジョン・ガバット・ジン博士が、サティ瞑想法を仏教の中から取り出し、マサチューセッツ大学医学部のクリニックで実践を始めました。その後、ヨガと瞑想法を基本とした「マインドフルネスストレス低減法」という8週間のプログラムを開発し、アメリカでは非常に広く普及しました。

　マインドフルネスは、GoogleやApple、Intel、Facebookなどの外資系企業をはじめとして、多くの企業が研修プログラムとして導入しています。そしてここ数年の間に、日本のメディアでも取り上げられる機会が増え、Yahoo!やメルカリといった大手企業が積極的に導入して注目を集めています。そこで言われている**マインドフルネスとは、「今この瞬間の現実に気づきを向け、その現実の体験に価値判断をさしはさまず、ありの**

ままに受け容れ、思考や感情に囚われない状態で、ただ観察している」という存在のあり方**です。

今後、医療、教育、福祉、心理療法、ビジネス、マネジメント、スポーツなど様々な分野でマインドフルネスがますます注目され、研究され、実践され、応用されていくことは間違いないでしょう。

「思考や感情に囚われない状態で観察する」と表現すると、冷たい感じやそっけない感じを想像するかもしれません。または、修行僧のように座禅を組んでいる状態を想像するかもしれません。

しかし、「思考や感情に囚われない状態で観察する」ことは、いつ、どんな場所で、どんな状況にあっても、様々な感情や思考が、浮かんでは消え、流れていく様子を観察している状態を意味します。深い呼吸を続ける中で、ベースにあるのは、冷たい感じやそっけない感じではなく、根源の存在そのものである「慈愛のエネルギー」です。

この慈愛のエネルギーは、感情や心身の能力などを飛躍的に高め、同時に鎮静化する最強のエネルギーです。私たちは、もともとこの素晴らしいエネルギーの結晶というべき「愛」を持っています。

ネガティブな感情や思考に囚われ執着するのをやめて、流れるままに手放して眺めることができるようになると、あなたの中に豊かな「慈愛」のエネルギーが流れ始めます。

　これは、太陽が雲の中に隠れているとき、雲の合間から美しい光の柱が地上へと降り注いでいるように見える「天使のはしご」という現象に似ています。

　私たちは、常に慈愛のエネルギーが降り注がれ、たくさんのメッセージを受け取っているのです。

感情に気づき、ありのままに受け容れるワーク

「今この瞬間の現実に気づき」「価値判断せず」「客観視」する。

　このあり方が、マインドフルな状態であり、**ハイヤーセルフの視点で見ている状態**です。

　人はマインドフルではない状態のとき、「今この瞬間」からトラベルして、過去や未来、自分や他人のことなど、不要なことを考え始めます。

　マインドフルであれば、過去を悔やんだり、実際に起こっていない出来事や未来に囚われることなく、目の前の現実にしっかりと向き合うことができます。抱いた感覚や気持ちを「良い・悪い」と即時に判断せず、すべてありのままに感じることを自分に許し、受け容れることができるのです。

　友達が自分の陰口を言っていると知ったら、あなたはどんな反応をしますか？

　また、直後から数分間、心身はどのような状態になるでしょうか？

「ひどい！」と腹を立てたり、「いい人だと思っていたのに」と悲しくなったり、「私が何か悪いことしたのかな？」と不安になるかもしれません。

自分の感情に気づき、ありのままに受け容れるワーク
①最近起きた、ネガティブな出来事は何ですか？
例）夫がパチンコで負けて、渡したばかりの今月のお小遣いをすべて使ってしまった。

　　私は呆れて「あんたなんかギャンブル依存症のクズだわ」と怒鳴り、夫は逃げるように外に出ていってしまった。私は、辛くて自傷行為をした。

②その状況が起きた原因は何だと思いますか？
例）私との結婚生活に不満があるから、夫はパチンコで憂さ晴らしをしているに違いない。

　　夫は、私の収入を当てにして働く気がない。

③その状況での一次感情と二次感情と身体的反応は？

　起こった出来事に対する最初の反応が「一次感情」、一次感情に対する感情が「二次感情」です。

例）一次感情：不安、絶望感

　　二次感情：怒り、胃痛、頭痛

④その感情の結果、どのようにしたいと思い、どんな行動を取りましたか？

例）「離婚してほしい」という言葉をのみ込み、「あんたなんかギャンブル依存症のクズだわ」と怒鳴りつけた。何ひとつ解決できない苦しさを止めるため自傷行為をした。

⑤あなたの感情と行動は、後にどんな影響がありましたか？

例）ますます夫婦関係が悪化し、夫はパチンコに行く回数が増えた。それに伴い私の自傷行為もエスカレートした。

マインドフルでない状態を知る

「マインドフルでない」とは、注意散漫、集中力欠如、心が乱れている状態のことです。

　一言で言えば、**「心ここにあらず」**です。

　マインドフルネスは、練習を必要とするスキルです。

　まずは、マインドフルでない状態を知ることから始めましょう。

　次にいくつか例を挙げます。

●時間軸が、過去か未来である

●食事をしながら次の予定を考えている

●会話中、相手の話を聞いていないことに突然気づく

●会話中、相手が話している最中に、自分が話したいことについて考えている

●本を読んでいて、何度も同じところを読んでいることに気づく

●勉強をしながら他の事を考えている

●通勤中、あれこれ考えていて知らないうちに会社に到着していた

　これらの例はほぼ無害であるので、大事には至らないかもしれません。

　しかし、コントロール不可能な感情に振り回されて生きている人にとっては、マインドフルでない状態は人生に悪影響を及ぼします。

　自我（エゴ）とは思考の塊「心」であり、アイデンティティを構成するものです。

自我（エゴ）は、否定しよう、抑えよう、消そうとすればするほど、増大する性質があります。

　反対に、認める、感謝すると、小さくなる性質があります。

　そこで思考という自我（エゴ）に、「見守る」という新しい次元を取り入れるのです。

「見守る」とは、観察すること。

　これは、一歩引いて客観的に見ることであり、さらに全体的に見る俯瞰力に繋がります。

　マインドフルではない状態から、マインドフルな状態にシフトしていくのです。

　（客観とは、第三者の立場に立って物事を見ること。俯瞰とは、自分でもなく第三者でもない高い視点で全体を見渡すこと）

　客観的、そして俯瞰的に物事を観察することができれば、落ち着いて状況を把握し、その時々のベストな答えを出すことができます。この「ベスト」というのは、知識やロジックが出す「ベスト」ではなく、自分の魂にとってベストな答えのこと。本来ここを通って人生を進めていけば、魂の目的に沿った生き方に逆らわないので、満たされる人生になるのです。

　お金や名誉などの欲や、余計なことをあれこれ心配することなく、純粋な人生の目的、自分の生き方を見つけることができ

ます。

創造的思考を受け取る

　例えば、同僚が残業続きで健康を損ねてしまった場合。

　この同僚に対して、「身体が悲鳴を上げてサインを出しているのだから休めばいいのに」と思うのだけど、同じく残業続きの自分に「休む」という選択肢はない。

「○○だけど、△△しないでおく」と聞くと、その人の本心と言い訳が、○○か△△のどちらであるかが分かります。ところが、いざ自分のこととなると、そういう分析ができません。

　他人事を自分自身と切り離すということは、言うほど簡単ではないようです。

　私の場合、苦しい状況を乗り越えることができないとき、「私は今、乗り越えられないでいる」とただ見つめます。「できない」と判断してしまう前に内観してみるのです。

　内観は、ありのままを客観的に見ることができる、真実を見る「眼」を養う方法です。

　しかし、そこには観念や思い込みなどが紛れ込みやすく、実際は簡単ではありません。

そこで、「心」を直接観察するのではなく、視野を広く持っているハイヤーセルフに質問を投げかけ、ふと湧き上がってくるインスピレーション（創造的思考）を受け取るのです。

できるためには、何をすればいい？
できるためには、何を手放せばいい？
そもそも、それはしたいことなの？
できた場合、何を期待しているのだろう？
それは得られるの？
できない場合、得るものは何だろう？

何が自分を苦しくさせているの？
なぜ、苦しいと感じるの？
本心では何がしたいの？
苦しみを回避するための選択肢はあるの？
誰かにそれを説明する必要があるの？
一度そこから離れたほうがいいの？

自分が行動しようとしていることを「マインドフルな状態（ハイヤーセルフの視点）」で見守ることで、物事にくっついてくる感情を意識的に離すことができ、自分の魂にとってベストな答えが得られます。

　人間の頭の中心部には、松ぼっくりにそっくりな形の**「松果体」**という内分泌器があります。

　基本的な機能は、睡眠に必要なメラトニンやセロトニンを分泌することで知られていますが、実はこの松果体は第三の眼ともいわれており、体の器官の中でも特に謎に包まれた部位なのです。

　この松果体が正常に働き健やかであることが、心理的な成長や高いレベルでの行動力、そして精神的な覚醒には不可欠だといわれています。

　思考という自我を「見守る」ことを続けていくと、見守るための中枢である松果体が活性化し、体の正中線に沿ってある７つの重要なチャクラ（エネルギーセンター）が開きます。そして第七チャクラのサハスラーラチャクラ（頭頂部）が開くことで、宇宙と繋がるのです。

　魂の目的に沿った生き方をしていくには、「見守る」ことが非常に大切です。そのために、マインドフルネスで「見守る」ことをしっかりと体験していく。

　一度、「見守る」ということの質を掴むことができれば、わざわざマインドフルネス瞑想を行わなくても、どんなときでも見守ることができるようになり、日常生活すべてが瞑想となります。

まずは、自分の呼吸を見守ることから始めてみてください。

釈迦や悟りを開いた人たちは、皆そこから始めていったのです。

あなたは観察者です。それが本当の自分です。

ため息とマインドフルネス瞑想

第三の眼ともいわれている松果体を正常に働かせるためには**「マインドフルネス瞑想」**と**「朝日を浴びる」**ことをオススメします。

できるだけ太陽の明るさを体感できる明るい場所で、マインドフルネス瞑想をしてみてください。

いつも当たり前、かつ、ほぼ無意識にしている呼吸。

マインドフルネス瞑想とは、**「呼吸を見守る瞑想」**です。

静かに落ち着ける場所で椅子に座って軽く目を瞑り、リラックスして呼吸に意識を向けます。

まず息をゆっくり吐くことから始めて、「吸う」「吐く」に意識を集中させながら呼吸を繰り返します。瞑想が初めての方は、

5分程度の短い時間から始めましょう。

思考や感情が湧いてきても、ありのままを見守り（観察する）、また呼吸に戻ればよいのです。

マインドフルネスでは、**思考や感情が湧いても消そうとする必要はなく、「気づき」**を大切にします。

自分の中にある様々な思考や感情に気づき、見守り（観察する）、価値判断せずに受け容れることによって、心に寛容性が生まれてきます。

思いっきりため息をついてみる

本当の自分に還ると決意し、「今この瞬間」に生きようとしても、どうしても未来や過去にタイムトラベルしてしまう人がいます。そのような人に共通するのが、**「呼吸が浅くて速い」**ということ。

心配事や悩みを抱えてストレスが溜まると、胸や腹の筋肉が緊張して呼吸が浅く速くなります。

この浅くて速い呼吸を一瞬で解決するには、**「思いっきりため息をついてみる」**ことです。

ため息は、緊張状態が続き浅くて速い呼吸になったときに、

息を大きく吸い込んで吐き出すことにより、リラックスを司る脳内ホルモンの分泌を活発にします。ため息をついた後、そのまま深呼吸を繰り返せば、リラックスして「今この瞬間」に戻ってくることができます。

「ため息をつくと幸せが逃げる」などと言われているので、他人にあらぬ誤解や悪い印象を与えないよう、ため息をつくなら誰もいないところで思いっきりやりましょう。

マインドフルネス瞑想をしてみる

マインドフルネス瞑想を実践すると、肉体の感覚がなくなり、意識は覚醒している「トランス状態」に入ることがあります。これは、寝ている状態と起きている状態の境目のような意識に似ています。

マインドフルネス瞑想は、とても簡単で効果の高いスキルですので、ぜひ毎日練習してみてください。

瞑想に慣れるまでは、タイマーを5分間セットしてから始めましょう。

タイマー機能のある瞑想アプリもいろいろとありますので、お気に入りのものを1つ見つけて使うのもよいと思います。

　静かに落ち着ける場所で、椅子に座って軽く目を瞑りましょう。

　まず3回ほど深呼吸をします。

　ゆっくり時間をかけて口から息を吐きます。

　風船から空気が完全に抜けていくように、お腹がへこむのを感じましょう。

　そして、ゆっくり時間をかけて鼻から息を吸います。

　お腹がしっかりふくらむのを感じてください。

　呼吸をするたびに、呼吸が鼻孔を通る、唇から出る感じに意識を向けましょう。

　そして、身体がリラックスしてくるのを感じましょう。

　次に、呼吸を続けながら、息を吐くたびに数を数えます。

　ゆっくり時間をかけて、鼻から息を吸って、ゆっくり時間をかけて口から息を吐く。これで「1」回です。

　再びゆっくり呼吸を繰り返し、「2」と数えます。4回までカウントしたら、また「1」から数え始めてください。

　思考や感情が湧いたり、注意をそらす音が聞こえたりしても、自分を批判せず、ありのままを見守り（観察する）ます。そしてまた呼吸を数えることに意識を戻します。

タイマーが鳴ったらゆっくりと目を開けて、通常の呼吸に戻りましょう。

マインドフルな状態を体験する

人は何をする場合でも、それを**「マインドフル」か「マインドレス」**のどちらかで行っています。

自分の頭の中で行われている処理であっても、そのすべてに関して「気づき」を持っているわけではありません。むしろほとんどの処理は気づきを伴わず、無意識に進行していきます。

魂の成長には、「気づき」が大切な基本的アプローチです。

マインドレスな状態のときは、ネガティブの要因がある場合、「きっと悪いことが起こるだろう」「それが起きたら大変なことになる」とただ思い込んでしまい、それがストレスに繋がります。

反対にマインドフルなときは、「そんなことは起こらないだろう」「たとえ起きたとしても何か意味をもたらしてくれる」など、新たな理由を探すことができます。

　人はマインドフルになると、より創造的になります。

　マインドレスの状態では気づけないチャンスを捉えることができ、まだ顕在化していない危険を避けることもできます。さらには自分や他人をネガティブに捉えたり、資質、能力、感情などで価値判断する傾向も減り、事実に即した判断ができるようになるのです。

　例えば、夫婦関係。

　自分のやり方にこだわることが原因で、いつも同じような喧嘩ばかりしていた夫婦でも、相手の視点に対してオープンになることで、夫婦間に変化が生まれます。

　自分や他人の行動をマインドフルな目で見ると、ネガティブな特徴はどれも、同じ程度に影響力を持つ正反対の面を併せ持っていることに気づくことができます。

　性格ひとつとっても、自己主張が強い相手は積極性があるとも言えますし、騙されやすい人は人を信頼するタイプ、神経質な人は几帳面だとも言えます。

　このように、1つの事柄に対して様々な方向に考えを巡らすことができるようになるのです。

　マインドフルネスは、私たちの思考、感情、身体感覚、および周囲の環境で起こった現象に対して瞬間瞬間に「気づき」、

その現象の良し悪しなどを判断せずに受け容れる能力を強化してくれます。

　気づく能力と受容能力により、既知の情報から新たなものを生み出していく思考を高め、いろいろなアイデアを創出できるようになるスキルなのです。

　マインドフルネスの実践には、以下で紹介するように瞑想のほかにもいくつか別の方法があります。「本当の自分」と常に調和の取れた生き方をするためにも、ぜひあなたの日常生活に取り入れてみてください。

　五感を活用してマインドフルに
　五感とは、「視覚・聴覚・味覚・嗅覚・触覚」のことですが、私たちは生まれてから今日まで、この五感を通してたくさんの情報を受け取っています。

　しかし、それらすべてを意識の上に乗せているわけではありません。
　そこで、瞑想という方法を取らなくても、日常の中でマインドフルな状態を作る方法をいくつかご紹介します。五感をフルに使って、身体感覚と心の状態を見守って（観察して）みましょう。

日常、無意識に行っている行為への新たな気づきと出合うことができます。

自然を愛でるマインドフルネス

あなたの周りにある草花、木、空、鳥や風景を五感で感じてみましょう。

自然の刺激に触れることにより、**リラックス効果や、効果的なストレス緩和法**になります。

例えば、

目で美しいものを観る「空を真っ赤に染める美しい夕陽」

耳で心地よい音を聴く「癒される野鳥のさえずり」

鼻で芳しい香りを嗅ぐ「咲き始めた梅のいい香り」

口で豊かな味わいを感じる「朝の新鮮な美味しい空気」

手で愛、温もりを感じる「土の柔らかさや植物の瑞々しさ」

歩くマインドフルネス

仏教の伝統では、歩くことも代表的な瞑想の1つとされています。

歩くという動きの中で注意を集中するトレーニングは、日常でマインドフルネスを発揮する絶好の方法です。そして、動作

に意識が集中するために、感覚が分かりやすいという利点もあります。

　あなたが普段歩いているとき、どんな状態か思い出してみてください。

　たいていの場合、あれこれと考えごとをしているでしょう。

　歩くという動作には、大地を踏む足裏の感覚、足の筋肉の動き、膝にかかる衝撃、体の前後左右の傾き、重心の位置など実に多くの体験があります。これらを意識しながら丁寧に歩きます。

　すべてを感じようとする必要はありません。

　感覚を開いて、目についたものを拾い上げるイメージです。

　もちろん自然に湧き上がる思考や感情も、そのまま受け容れて見守ります。

　そしてまた、歩くことに意識を戻します。

　例えば、「足裏」に意識を向けて歩く場合。

　意識を「呼吸」ではなく「足裏」に向けて、足が地面から離れる感覚、そして前に動いていく感覚、地面に再び着く感覚を丁寧に感じ取っていきます。

　歩くマインドフルネスは、意識さえすればいつでもどこでも

気軽にできます。

食べるマインドフルネス

　現代人は時間に追われるような生活をしている人が多く、食を楽しむことを忘れがちです。

　余計なことは気にせずに、食事を味わうための時間を取り戻し、今に意識を向けましょう。

　まず目の前にある食事に意識を向けるために、テレビやスマホ、新聞、本はそばに置かないようにしましょう。

　食べるものは何でもいいのですが、初めての場合はレーズン、大豆、昆布、海苔など、小さな食べ物で練習をしてみるのが理想的です。

　例えば、レーズンの場合。

　レーズンを３粒ほど用意します。

　「今日一日の食事はこのレーズンのみ」だと思って味わいます。

　指で１粒だけつまみ、硬さとでこぼこをじっくり愛おしむように感じましょう。

　鼻にレーズンを近づけて香りを感じる。

　舌の上に乗せて、でこぼこを感じる。

噛んだときに口の中に広がる味を感じる。

　口内から鼻に抜ける香りを感じる。

　ただ口の中にポイっと放り込むときとは、明らかに違う味わいを感じることができます。

　食事のときは、料理の盛りつけを目で感じ、食材の形や色を観察し、香りを鼻で感じて、箸でつまんだときの感触、口に入れたときの舌の感触、味の感覚、歯で噛んだときの感触や音、飲み込んだときの感覚などを味わいます。

　食べることと向き合うと、食事の楽しさや満足感、本来の素材の味、食材を作っている方への感謝など、今まで感じてこなかったことに気づくはずです。

　その気づきは、心を満たし、食材はより美味しく感じ、その時間の大切さを感じたりなど、きっと生活を豊かなものに導いてくれるでしょう。

　日本茶や紅茶、コーヒーを淹れて、味や香りを楽しむことから始めてみてもよいでしょう。

歯磨きマインドフルネス

毎日の習慣として何気なくやっている歯磨きも、五感に意識を集中すればマインドフルになることができます。

１本１本の歯に意識を集中し、歯ブラシが歯に当たる様子を鏡で確認しながら丁寧に磨きます。

歯ブラシの毛先が歯に触れるほどよい力加減の感触、シャカシャカというブラッシングのリズム音、歯磨き粉の香りと味を感じましょう。

お風呂シャワーマインドフルネス

お湯は心地よい温度に設定します。

シャワーでお湯の温かさ、肌にあたる水圧、身体がお湯に包まれる感覚や身体を洗い流す感覚、ボディソープの香りやシャワーのしぶきの音、ボディブラシに擦られる気持ち良さを感じましょう。

湯船に浸かっているときは、肌全体が温かいお湯と触れ合っている感覚や、温かさが体の芯までじんわり伝わる感覚を感じ取ります。肌とお湯が触れ合っている面をしっかりと意識して、肌がお湯を弾く様子を観察します。

身体がリラックスして筋肉が和らぐと、蓄積された重いエネルギーが浄化され、軽やかなエネルギーに変化するのを感じるでしょう。

自分の経験にマインドフルになる

　ここ数年の間で、日本でもマインドフルネスの理論や実践に対する関心が高まり、始める人が増えています。しかしその一方、「やめてしまった」という人も少なくありません。

　マインドフルネスには、意識を「今」に戻すための柔軟性を高める**「心のストレッチ」**効果があります。効果は継続によってゆっくり生じてくるものであり、最初の頃は何も変わらないような気がするかもしれませんが、実際は静かに変化し続けます。

　マインドフルネス瞑想のルーツは、今から約2500年前（紀元前500年）にブッダが創造した瞑想法にあります。このマインドフルネス瞑想を継続していくには、ブッダの教義を理解することが役に立つかもしれません（ブッダは「叡智を得た人、

悟りを得た人」という意味で名前ではありません)。

　本書ではブッダの教義について触れますが、私自身、仏教徒ではなく無宗教です。紹介する内容は、仏教という宗教を勧めるものではなく、心理学・哲学的な理論として書いています。

「無明」「渇愛」「執着」

　ブッダが示したのは、「世の中のあらゆるものは一定ではなく、絶えず変化し続けている」という真理です。

　今現在、苦しい状況だとしても状況は刻々と変化します。

　ですから、未来のことを心配したり、過去のことを後悔したりするのではなく、「今」に集中し、今やれることに取り組むことで、必ず状況は変化していくという教えです。

　ブッタは苦しみの根本原因を、**「無明」「渇愛」「執着」**であると説いています。

「無明」とは、物事を正しく見ることができない「迷い、思い込み」のことを言います。

　そして、「迷い、思い込み」の原因は、「渇愛」「執着」です。

　私たちが苦しむのは、正しい智慧を持たないために、自分勝手な思い込みで迷うから。

ですからまず、苦しみを感じている自分の現状に「気づくこと」「価値判断しないこと」「客観視すること」が、スタートラインとなります。

「渇愛」とは、「欲」を求めてやまない気持ちのことです。
「あれが欲しい、これが欲しい」「もっと認められたい」など、いつまでも満足することなく、次々と欲を持ち続ける心の状態です。それが叶わないと怒りや悲しみ、焦りが生まれ、もし叶ったら叶ったで「無くなったらどうしよう」と、未来への恐れや不安が生まれます。

「執着」とは、「囚われ」「こだわる」ことです。
　人は、「財産」「地位」「子供」など、いろいろなものに執着を持ちます。
　人間関係、物、お金、健康、そして未来の心配や過去の出来事などに囚われ、それを苦しみの原因だと思い込み、執着することです。

　外側で起きる出来事や、心の中に生じる現象に対して「無明、渇愛、執着」がある限り、苦しみのサイクルは尽きることがないということをブッダは説いたのです。

自分の痛みへのマインドフルネス

　仏教の瞑想をルーツとするマインドフルネスは、1979年頃のアメリカで、ジョン・ガバット・ジン博士によって慢性疼痛に対する緩和ケアとして実施されて効果を上げたことから、科学的実証による効果が広く知られるようになりました。

　マインドフルネス瞑想は、**ツールが不要で、時間のあるときに、「ちょっと息抜き」「ひと休み」から始めることができます。**条件さえ整えば、公園のベンチや停めた車の中でもできるのです。

　落ち着ける場所に座り、軽く目を瞑り、呼吸に意識を向けます。
　脳をはじめ、体中の全細胞に必要な酸素を送ることでリラックスし、痛みや苦しみの軽減に役立ちます。呼吸に集中している間は、できるだけ何も考えないようにしましょう。
　頻繁に思考に意識がいくようなら呼吸をカウントします。呼吸をカウントすることは、もっとも簡単な瞑想テクニックの1つです。

　そのまま自然呼吸を続けます。
　「瞑想なんかに効果があるのか」という不安な気持ちを見守って座るのも瞑想です。

「あ〜、イライラする」という怒りの感情を見守って座るのも瞑想です。

30分瞑想するつもりが、5分しかできなくて落胆する気持ちを見守るのも瞑想です。

5分だけのつもりが10分というように、時間が増していく、そんな日もあるでしょう。

始めたばかりの頃は、細かいことを気にする必要はありません。

ルールは作らず、「やってみよう」という意志が何より大切です。

瞑想に熟達している人も、最初から継続力や集中力があったわけではありません。瞑想の経験を積んで磨きをかけてきたのです。

「痛み」にマインドフルになるとは、瞑想により痛みを無くすということではなく、気づいている痛みを客観視して、心を平静に保ち続ける力を育てていくことです。

例えば、足が激しく痛むとき、「痛いと感じている」自分を慈愛の心で見守り（観察する）ます。

上手く見守ることができれば、痛さはありつつも、痛みに囚

われなくなり、痛みが和らぐのです。

　瞑想によって、**痛みが苦しみであると即座に結び付ける意識にストップをかける**ことで、痛みと苦しみを分けて捉えられるようになります。

「痛み」を嫌がらず、ありのまま見守っていると、「痛くて苦しい」と感じていた感覚が、痛みと苦しみに分けられて、**不思議と単なる「感覚」になる**のです。

　足の痛みを、ただ感じる。
　感じていることを見守る。
　見守っていると、痛いと思っていたものは、単なる「感覚」だと気づく。
　この「感覚」が「痛みの正体」だと気づいた自分に気づく。

　自分の思考を使い自分を導いていくことで、自分の中の宇宙に漂うような、はたまた思考が身体の外から自分を眺めているような、不思議な観点を経験するようになります。
　あらゆる自分の思考や感覚、感情の合間に「間」が入っていく感じです。
　これが、ありのままを見守る流れなのです。

人生創造をマインドフルにする

　マインドフルになるとは、「今この瞬間の現実に気づきを向け、その現実の体験に価値判断をさしはさまず、ありのままに受け容れ、思考や感情に囚われない状態で、ただ観察している」という存在のあり方でしたね。

　確かに、ネガティブな感情を否定せずにありのままに受け容れることができるようになると、それなりに楽になります。
　しかし、本格的にマインドフルに生き、本当の自分に還ろうとしたとき、実際にできるかどうかというとかなり難しい。マインドフルネス瞑想をただ続けていけば熟達者になれるかというと、そういうことでもありません。

　マインドフルネス瞑想を本格的に行う場合、根本的なもっと深いところを理解しておく必要があります。

　潜在意識は、「プロジェクター」に例えることができます。
　現実は「スクリーン」です。私たちは、映し出された映像を現実世界で見て、聞いて、感じています。

　この三次元の物質世界で生きる私たちは、「お金、名誉、地位、財産、幸福」といった喜びを追い求め、「病気、貧乏、争い、

不幸」といった苦しみは避けたいと思っています。

　これは、「私の人生」というストーリーの映画の主人公として生きている状態です。

　映画は、監督、カメラマン、脚本家、俳優たちによって作られた、いわば仮想現実です。

　仮想現実だと承知の上で、映画の世界に入り込み、その世界をリアルに感じます。

　これと同じように、あなたが未来のことを考えて不安になれば、それがリアルに頭の中に浮かび、客観的事実と思い込んで心配でたまらなくなります。そして、その客観的事実に基づいて、未来の心配に関するストーリーが映画として上映されるのです。

　では、実際に起きた過去の出来事を思い出して悩む場合はどうでしょう。

　過去の場合は、主観的で意識的に選んだ出来事で作られた映画です。

　過去のたくさんの出来事の中から、意識的に選んだことを何度も繰り返し思い出して悩む。過去の失敗や嫌な出来事を思い出しては落ち込む。

　過去の出来事を題材にして作られたフィクション映画なの

に、スクリーンの中で上映されている映画を観て、リアルのように思い込んでネガティブな感情が湧いてしまっているのです。

気づきによる転換

　人生で経験する苦しみや喜び、それらを静かに紐解くことで、マインドフルネスはより深いものになります。

　あなたの現実というスクリーンでは、様々な映像が映し出されています
　このときあなたは、**「これはすべて自分の意識が作り出した映画である」**と気づいています。
　この「気づき」が、これまでのマインドフルネスで説明されてこなかった「立脚点」です。

　これまで、スクリーンの中の登場人物であったあなたは、喜びを追い求め、苦しいものからは逃げる、そういう一人の人にすぎなかったかもしれません。

　しかし、あなたはもう「これはすべて自分の意識が作り出した映画である」と気づいています。
　あなたは、スクリーンの中で、エゴに振り回されている一人

の人ではありません。あなたは**座禅をしながら瞑想で見守っている視点**を得ているのです。自分の中のもっと深く、静かな場所に鎮座してスクリーンを眺めているはずです。

この視点に立つことに慣れてくれば、私は私でないのだから、私の身に起きていることを心配する必要はない、という境地へ達することができます。つまり「ハイヤーセルフの視点」で見ている状態です。

私たち人間は、大きく分ければ、ハイヤーセルフの自分と、エゴの自分の2種類がいます。
今までのエゴの視点から、ハイヤーセルフの視点に変化することで視野が広くなります。
このハイヤーセルフの視点をマスターするために、マインドフルになることが必要なのです。

私たちが体験している人生とは、永遠に意識が再生され続ける映画のようなものにすぎないのです。
この意識のあり方こそが**「本当の自分（ハイヤーセルフ）」**です。

前出の通り、エゴの自分は人間関係、物、お金、健康、そして未来の心配や過去の出来事などに囚われ、それを苦しみの原

因だと思い込んで執着します。エゴを自分だと思っている限り、そのような生き方しかできないのです。

　その生き方に行き詰まり、「変わりたい、自分を変えたい」と感じ、「これは映画にすぎない」と気づいたときが、エゴの生き方からハイヤーセルフの自分に変わる「立脚点」です。そして「立脚点」を迎えたとき、初めて「見守る」ことが実現します。

　マインドフルになったときの不思議な現象を説明するとき、「自分は何者なのか」というところから始めないと「見守る」を理解することはできません。

　魂の目的に沿った生き方をしていくための「見守る」を、マインドフルネスで体験していくのです。
　そして「見守る」ことの本質を掴めば、どんなときでも「見守る」ことができるようになって、日常生活すべてが瞑想となります。

マインドフルなコミュニケーション

　人間関係とは、愛情、交友、および支援をもたらす貴重なものでありながら、また脆いものでもあります。あっという間に、修復不可能なほどに破綻してしまいかねません。

　この繊細な人間関係を、より健康的で生き生きとしたものにしていくには、マインドフルになることです。

　相手の話をマインドフルに聴くためのポイントは、これまで紹介してきたやり方と基本は同じで、「見守る（観察する）」です。見守るということは、今この瞬間に留まることであり、次に言いたいことを考えたり、過去の記憶に焦点を当てたりすることではありません。「今」に留まり、見たり、聴いたり、感情的に感じることを意識し続けることです。

　相手が何を伝えたいのか、どんな気持ちでいるのか、こちらに何を求めているのか。それらを正しく掴むには、とにかく聴くこと。相手の言葉を聴いて、掴むことができなければ、的確な言葉を投げ返すことはできないのです。会話は相手の話をよく聴くという努力なしには成立しません。

　相手の話を聴いていると、自分の物差しで判断したくなりますが、相手の感情をそのまま、ありのままに受け容れ共感します。

共感とは、「同意・賛成」することではなく、相手がどう感じているかを理解すること。

　少し広げると、どういう背景・経緯・理由で現在の考えに至ったかについて理解し、それを態度で示すということです。

　あなたにも、話を聴いてもらっただけでスッキリした経験はありませんか？

　自分が感じている素直な感情を誰かに聴いてもらうだけで、人間の感情は浄化されていきます。

　これを心理学では**カタルシス効果**と言い、心の中に溜め込んだ言葉にできないモヤモヤした感情を吐き出すことで、気分が楽になる心理現象なのです。

　ですから、相手の気持ちに気づいて寄り添ってあげるだけで、アドバイスは必要ありません。

マインドフルな 「うなずき、相づち、オウム返し」

　相手に対してマインドフルに話すポイントは、相手の話にしっかりうなずき、最適なタイミングで相づちを打ちながら、オウム返しを合間に少しはさみます。

　例えば、相手が「悩みが解決しないだけでなく、嫌なことばかり思い出して眠れないのよ」と言う場合、あなたは「眠れなくなるような嫌なことですか……」と、置き換えて返します。

　このとき、相手の一言一言にオウム返しすると、わざとらしくなりがちで、語り手の話の腰を折る危険性があるので注意が必要です。オウム返しは相づちよりも長い言語的反応なので、使いすぎると話を中断させることになり、かえって話しづらくなってしまいます。

　うなずき、相づち、オウム返しのメリットは、相手に「ちゃんと伝わっている」「話を聴いてもらっている」という安心感を与えること。そして相手が感じていることをそのまま伝えることは、内なる「気づき」を促す効果もあります。

マインドフルな主語は「私」

　自分が相手に送るメッセージに対して、よりマインドフルになる方法は、**「あなた」を主語にした発言をマインドフルな「私」を主語にした発言**に変えることです。

　主語が「私」の場合、自分がどう感じているかという思いを伝える話し方になります。

　主語が「あなた」の場合、相手を非難、評価、説教、指示する話し方になります。

　例えば、夫が結婚記念日を忘れていた場合。

　あなたを主語にした「結婚記念日を忘れるなんて、あなたは何て冷たい人なの！」よりも、私を主語にした「私にとって結婚記念日は特別な日だから、悲しかったわ」のほうが、価値判断的でない形で伝えることができます。

　トラブルになりやすい話し方は、「あなたはいつも〇〇」「あなたはどうして〇〇」。これらは批判的な発言に聞こえてしまい、相手は、反撃や自己正当化をしようとします。

　マインドフルな「私」を主語にした話し方は、感情的にならず、我慢するわけでもなく、自分がどう感じるかという、自分自身に対したマインドフルな気持ちを相手に伝えるので、共感

と理解を得られやすいのです。

　自分の内側で起こっていることにマインドフルに気づき、受容していくことで、周りの人と豊かな関係性を築くことができます。自分の感情を見守ることができるようになると、相手の気持ちも自然に見守ることができるようになるはずです。

自分の感情を見守る

　相手の話を聴いているとき、あなたの中で、ポジティブな感情やネガティブな感情、あるいは、相手が悪い、私が悪いなどいろいろな考えや感情が湧いてくることがあるでしょう。

　それがどんな考えや感情であっても、あなたは相手の話を聴いて「○○と感じた」「○○と考えた」とただ受け容れます。そして、**相手の話もただ受け容れます**。相手の中で起こっていることを、ただありのまま見守ります。

　マインドフルを用いないと、相手が怒りや悲しみを抱えている場合、相手の感情を何とかなだめようとします。「悪いことの後にはきっと良いことがあるよ」「世の中にはもっと大変な人がいるよ。あなたは、まだ幸せなほうだよ」などと慰めたり、「それは相手が悪いよ」「それは運が悪かったね」などと、何かのせいにしてしまうかもしれません。

相手をありのまま受け容れるとは、その人が「怒っている、悲しんでいる」、その事実を受け容れるということです。相手は、ありのまま受け容れてもらったことで安心感が生まれます。

　聴いているあなたにも、その人のありのままを聴いたという満足感が生まれます。

　それは、相手との繋がりを深める一助になるでしょう。

　相手の話を聴いたときにあなたの中に湧き上がるものを受け容れつつ、相手をありのまま受け容れる。

　これは対人関係だけではありません。どんなものであれ、ありのままを受け容れることは、マインドフルネスの基本です。

　例えば、お姑さんが「○○を明日までに届けてほしい」とあなたに言いました。

　事実は、「お姑さんが○○を明日までに届けてほしいと言った」なのですが、お姑さんの言葉を聞いたときに、「いつも突然だ！　突然言われても無理！」「いつも強引だ！」などの考えが湧き上がってくると事実が捻じ曲げられて、「姑がこちらの都合など無視で強引に用事を言いつけてきた」という判断になってしまうのです。

　これをマインドフルに受け容れた場合、お姑さんが「○○を

明日までに届けてほしい」と言ってきたので、「いつも突然だ！突然言われても無理！」「いつも強引だ！」などの考えが湧き上がってきた。でも、「私は今、イライラしているなあ」「私の都合も聞いてほしいなあ」と、自分の中で起きていることを見守ることができます。

「姑がこちらの都合など無視で強引に用事を言いつけてきた」というのは、自分の思考が創り上げたものでしかありません。そんなお姑さんを勝手に創り上げて、イライラしてストレスを溜めているのです。事実は、「お姑さんが○○を明日までに届けてほしいと言った」であり、この言葉に自分の心や思考が反応したにすぎないのです。

　ありのままを見ていくと、人間関係のストレスは外側の誰かのせいではなく、自分自身が生み出していることに気づきます。聴くことに力点を置いて、会話をしてみてください。
　じっと耳を傾けていると、その人との間にこれまでとは違った空気が流れます。

習慣化する工夫「マインドフルネス・ダイアリー」

歩くマインドフルネスは、日課にしやすいマインドフルネスです。

玄関から車まで、家から駅までの道のりなど、そのときだけは自分の感覚、思考、感情に気づくようにする。そして、気づきの感覚を身に付け、その時間を増やしていきます。

呼吸と繋がり、自分の存在を感じるのに最適な時間となるでしょう。

食べるマインドフルネスは、健康的な食生活を促進します。マインドフルに食べると、必要なものだけを食べ、体に良いと感じられる食べ物を食べる確率が高くなります。

マインドフルな食事には素晴らしいメリットがありますが、始めたばかりの頃は難しく感じるかもしれません。間食や短い食事時間に焦点を絞り、毎日5分だけでもマインドフルに食べることをオススメします。

マインドフルネス瞑想は、習慣化を確実にするために徐々に進めていきます。

自分に適している時間帯に毎日1回、5分から始めてみましょう。

瞑想するメリットを感じられるようになれば、自然に瞑想時

間を延ばしたくなってきます。

　マインドフルネス瞑想に慣れてくると、商談や交渉、プレゼンなど人前に出て話す場合など過度に緊張をしているとき、その前に5分ほど座って、心と体を落ち着かせることができるようになります。感情を大きく揺さぶられるようなネガティブなことがあったときには、少し時間を取ってマインドフルネス瞑想を行うことで、感情に押し流されないようになります。

　習慣化するまでは、マインドフルネス・ダイアリーをつけましょう。

マインドフルネス・ダイアリー

※実践した曜日に「○／回数／時間」などを記入

曜日	五感を活用	自然を愛でる	歩く	食べる	歯磨き	お風呂	ため息	瞑想
月曜日								
火曜日								
水曜日								
木曜日								
金曜日								
土曜日								
日曜日								

決まった時間にマインドフルネス瞑想をする場合は、アラームを設定しておくとよいでしょう。

　日常的にマインドフルになることを思い出すために、腕にブレスレットを着けるなど、合図になるものを工夫すると便利でしょう。

第五章

ハイヤーセルフと
エゴの声を聞き分ける

ハイヤーセルフにつながる目標値

　ハイヤーセルフは、輪廻転生しても変わらない魂で、何度も生まれ変わり続けるあなたの魂の成長を見守り、導いてくれる存在です。

　ハイヤーセルフは、常にあなたのそばに存在しています。個人の経験を超えた、より奥深い部分の、人類などに共通して伝えられている集合的無意識、つまり、すべてのものは意識の底において繋がっているとする高い次元に存在しているのです。

　物理的なものではなく、魂や波長のようなものなので、普段の生活で認知することはできません。ただ、ハイヤーセルフは高い次元から常に見守ってくれており、魂を成長させ、本当の自分に近づけるように様々な形でメッセージを与えてくれています。

　これまでの人生の中で、直観が働く、自分では考えつかないアイデアやビジョンがふとした瞬間に湧く、といった経験はありませんか？　これこそハイヤーセルフからのメッセージであり、潜在意識を通してハイヤーセルフと繋がっている瞬間です。

　私たちの意識は、「顕在意識、個人的無意識、集合的無意識」に分かれています。

　この個人的無意識と集合的無意識は、心理学者のユングが提唱した概念です。

「顕在意識」は、普段認識することができる意識の領域です。「個人的無意識」は、個人的な記憶や経験に基づいている、自分では意識できない無意識の領域です。

　そして「集合的無意識」は、全人類の共通の意識です。人知を超えた宇宙すべての知識が集まっている情報空間であり、私たちはここから直観という形でメッセージを受け取ります。

※第二章「本当の自分である『意識』で生きる」の氷山理論を唱えたユングの図（P.98）を参照してください。

　私たちは魂レベルを上げていくことで、「顕在意識、個人的無意識、集合的無意識」の垣根を取り払い、普段感じ取ることができない「個人的無意識」と「集合的無意識」を深く認知できるようになっていきます。

　マインドフルネス瞑想に取り組むことは、顕在意識のうるさい思考の声を静め、直観の源泉と繋がることの助けとなり、私たちの中に眠る人類の叡智を、ひらめきとしてもたらしてくれます。

それは、ハイヤーセルフに繋がるということであり、「今抱えている問題の答えが降りてくる」「本当の望みが分かり、望んだものが手に入る」という状態です。

無条件で無限の愛と繋がる

　瞑想が深くなると、脳の前方からθ波（シータ波）という4〜7Hz（ヘルツ）までの周波数の脳波が出ます。θ波が出ているときは、深いリラックス状態であり、ハイヤーセルフともっとも繋がりやすい状態です。

　脳波とは、脳細胞が活動するときに出る電気信号を捉えたもので、α波（アルファ波）はリラックスしているときに、β波（ベータ波）は活動的なときに出る脳波です。そして、**θ波は通常、浅い眠りのときに出る脳波で、この時点の意識が潜在意識の領域に入っている段階です。**

　脳波は、波を打つ速さである周波数（Hz）によって主に4つに分類されています。
　その種類は、α波、β波、θ波、δ波（デルタ波）で、これにγ波（ガンマ波）を加えて5つとなる場合があります。

α波（アルファ波）＝リラックス波

周波数が8〜13Hzの状態です。

この状態は、リラックスして集中力が増します。

時間を忘れて好きなことに夢中になっているときなどは、この状態です。

β波（ベータ波）＝ストレス波

周波数が14〜30Hzの状態です。

人が普段活動しているときは、五感で感じたものに反応するので、そのときの脳波はβ波です。緊張や不安などを感じる完全な顕在意識状態です。

θ波（シータ波）＝まどろみ波

周波数が4〜7Hzの状態です。

瞑想時や入眠直前、または目覚めた瞬間など、まどろんでいるときなどはこの状態です。

θ波が健全であれば、創造性や感情的な繋がり、直観力、記憶力が上がります。

δ波（デルタ波）＝熟睡波

周波数が1〜3Hzの状態です。

夢を見ないほどの深い眠りの状態など、ほぼ無意識の状態のときに現れる脳波です。

本当の自分であるハイヤーセルフとは、**脳波が 7.5Hz の θ 波のとき、もっともアクセス可能**となります。リラックスが大好きなので、あなたの脳波が θ 波（4 〜 7Hz）や α 波（8 〜 13Hz）であることを望んでいます。あなたが、この三次元の物質世界に生まれたとき、つまり**赤ちゃんのときの脳波が 7.5 Hz であり、この周波数が基準値であり目標値**となります。

　光の速さは、おおよそ秒速 30 万 km。1 秒間に地球を 7.5 周できるというのは有名な話ですが、このことからも宇宙の基準は 7.5Hz であると言えます。

　宇宙の愛は「無条件で無限の愛」です。

　愛とは調和であり、宇宙の愛は「完全な調和」です。

　7.5Hz の θ 波は、宇宙の愛そのものの周波数であり、あなたがこの状態にあるとき、本当の自分である集合的無意識の垣根が取り払われ、宇宙と繋がっています。

　このリラックスした状態の脳波 7.5Hz に近いとき、愛に包まれた感覚を味わうことができるのです。

　7.5Hz の θ 波に近い状態を意図的に作ることで、個人的無意

識の書き換え（＝潜在意識の書き換え）、そして集合的無意識の中に眠る人類の叡智が直観としてひらめきをもたらしてくれます。

　基準値であり目標値となる 7.5Hz の θ 波を出すには、宇宙が提示するものは愛であると信頼する心、起きる出来事は「気づき」へと導くものであると信じる心を持つことです。

　脳波を下げてリラックスに導くのが、瞑想などでも非常に大切な「呼吸」です。**「呼吸」は、短時間で脳波を 7.5Hz に近づけることを可能**にします。
　深い呼吸は、脳まで酸素を行き渡らせ、脳の活性化とリラックスした状態を即座に作ります。深呼吸は脳波を下げ、脳波をコントロールすることができるのです。

　魂（意識）の成長
　ハイヤーセルフは「個を超えたより高い次元の意識レベル」で、五次元から九次元までの存在です。しかし繋がることができたとしても、五次元までだといわれています。

　私たちが住んでいる**物質世界は三次元、物質を持たないイメージや記憶、空想、夢、思考などの世界は四次元、そこから**

意識やエゴ、恐れなど、肉体固有の波動を抜くと五次元と呼ばれる意識の世界になります。

　魂そのものである私たちは、魂を成長させ、魂の課題をクリアするために、この三次元の物質世界に生まれてきました。私たちが体験することはすべて、魂の成長にとって必要なものであり、どの体験も無駄なものはありません。

　その目的を果たし、役目を終えた「困難と思われるような出来事」は、解決して消え去る、もしくは、その状況がそのままでも困難を困難と感じなくなるといった様々な形でクリアされていきます。

　もし、「気づき」「学び」が得られなかったとしても、ハイヤーセルフはあなたに気づいてもらうために同じような課題を何度も繰り返し経験として与えてくれるので、いつも同じようなことで悩まされるという感覚を覚えるでしょう。

　魂レベルは、高いから良い・低いから悪いとか、魂レベルが高いから価値がある・低いから価値がないという評価はしません。

　すべての人が、魂の成長のために必要なプロセスを歩んでいます。たとえ、相手があなたにとって酷い人だったとしても、その人にはその行動を通して学ぶことがあるのです。

　魂には様々な叡智があり、魂の叡智が増すにしたがい、魂の成長が進みます。

　魂の成長は、他の魂と比べて進んでいる、遅れているという評価をしません。

　魂の成長は、個人の成長を描き、軌跡を付ける所作です。成長の過程で魂がどのくらい進んでいるのか、魂の発達の過程を示すにすぎません。

「魂レベルについて」は、弁証法で考えてみると分かりやすいかもしれません。

１．テーゼ（定義）：魂レベルが高いから良い。

２．アンチテーゼ（反対の定義）：魂レベルが低いから悪い。

３．ジンテーゼ（総合結論）：どの段階の魂レベルであっても、今その段階に「ただ在る」だけ。

魂の発達の過程

①感情に振り回されている段階

　同じような思考パターンや行動を繰り返し、人生の目的、やりたいことがない状態です。

　イライラ、恐れ、過剰な疑い、利己主義、悲しみ、漠然とした不安感など、ネガティブな感情に心が支配されています。

②心と体の休息を取る段階

　今の状態から何とか脱出したいと思っているのに、心と体のエネルギーが枯渇して、「何もしたくない」「絶望で身動きが取れない」状態です。

　本来人間は正常な状態であれば、何もしないでいる状態に苦痛を感じるようにできています。

　しかし、何もしたくない、あるいは絶望感を感じている場合、それはハイヤーセルフからの「休息を取りましょう」というメッセージです。質の良い休息を取るには、充電することに全力で集中すると決めることです。好きな音楽を聴き、好きな本を読み、好きな映画を観るなど自分の好きなことをすれば、充電速度は劇的に向上します。

③自分の尊さを思い出す段階

　自分を大切にしたいという気持ちが芽生え、自分に愛のエネルギーを注ぐ段階です。
「喜びを得たい」という思いが「自分」のほうに向き、すべての行動の動機が自分を基準としています。自己犠牲から自分軸に変化した状態です。

　今までの生き方を手放し、新しい生き方を築いていく段階なので、好きなことを少しずつやっているうちに、自分が「人に喜びを与えている」と気づくと、「好きなことをやって幸せ」

から「自分の活動が人に役立って幸せ」という段階に上がります。

ただし、この段階で注意しなければならないのは、次の段階に上がる前に**「アイデンティティクライシス」**を起こす人がいることです。アイデンティティクライシスとは、自分の個性や価値観が分からなくなる状態のことで、発達心理学者のエリクソンが提唱した概念です。

今までの生き方を手放していく過程で、「今まで自分のやってきたことは何だったのか？」「生きている意味が分からない」というような喪失感が湧き上がることがあります。自分の本当の気持ちが分からなくなり、自問自答する場合などもあり、これらはアイデンティティクライシスの状態です。

アイデンティティクライシスは、**次の段階に上がるサイン**ですが、このとき「次の段階に進まず現状に留まる人」と「次の段階に進む人」に分かれてしまいます。

潜在意識は変化を嫌うので、これまでと違う考え方をなかなか受け容れようとはしません。
ほとんどの人は「できない理由」を並べ始め、自分の中でそれを正当化し、今までと同じ生き方を選択してしまいます。

次の段階に進むためには、これまでの「自分の殻」を破り、一歩前に踏み出す決意が必要となります。

④意識が純粋な慈愛に変化する段階

自分に愛を注いできたことで、より深い「慈愛の心」を持つことができる状態です。

自分を愛することができれば、他人を傷つけようとは思わなくなりますし、それどころか他人の傷ついた心を思いやり、慈愛の手を差し伸べたいと思うようになります。

高い波動の状態を体験し、圧倒的な安心感と温かいエネルギー、そして自信が溢れて、身も心も軽くなります。

この段階では、役に立たない思考パターンやネガティブな感情に慈愛のエネルギーを注ぎ込み、観察し、手放し、成長しています。そして「人生で起こることに無駄なことは何ひとつない」「感謝しかない」というような意識になるのです。

⑤慈愛の心が溢れている段階

困難な問題に直面したとしても、解決できることが分かっているので、恐れや焦りもなく慈愛のエネルギーを送りながら、落ち着いて観察できます。

「私はこれをやるために生まれてきたんだ」と、使命を果たす

喜びを感じている状態で、影響力もあります。

この影響力というのは、多くの人に届ける範囲の「広さ」、または一人の人に届ける「深さ」の場合もあります。使命の果たし方は人それぞれなのです。

⑥ハイヤーセルフとして生きている段階

周りでどんなことが起きていようと、揺るぎない幸福感を保つことができます。

慈愛の波動は最強の波動であり、慈愛の心に包まれた自分の心こそハイヤーセルフです。

慈愛の波動は、大いなる宇宙波動と共鳴し調和する波動で、その宇宙の愛と同調してハイヤーセルフとして生きている状態です。

第二の脳と第三チャクラとハイヤーセルフ

波動とは、エネルギーの性質のことです。

この世界のあらゆる物質や私たちの身体も感情も、すべて素粒子でできています。

素粒子は「波」でもあり「粒」でもあります。この「波」は、振動数（周波数）、波長、位相、振幅を持っており、それらを

合わせて「波動」と言います。

　感情もエネルギーですから、それぞれ固有の波動があります。
　自分の感じる感情が、そのまま波動となり、自分が発した波動と同じ波動だけを受け取ります。

　ネガティブな感情は、ネガティブな人・物・環境とだけ共鳴します。
　ポジティブな感情は、ポジティブな人・物・環境とだけ共鳴します。

お腹と心の調子はリンクする

　ここでは少し、神経伝達物質のお話をします。
　私たちが喜怒哀楽を感じたり、様々なことを考えたりするとき、脳内では「神経伝達物質」が行き交っています。人が幸せを感じる場面で脳の中で働いているのは、「セロトニン」や「ドーパミン」といった神経伝達物質です。ドーパミンは脳に喜びや快楽、興奮といったメッセージを伝える働きがあり、セロトニンはピンチのとき気持ちを切り替え、やる気を起こさせてくれます。
　逆に、セロトニンやドーパミンといった神経伝達物質が著しく低下すると、喜びの消失、不安感が起きて不幸度が高まり、

やる気が出なくなります。

　この**ドーパミンやセロトニンは、「脳」にあるのは全体のわ
ずか２％ほどで、残りのほとんどが「腸」に存在**しています。
　そのため、これら神経伝達物質を作り出している**腸は、「第
二の脳」**と呼ばれています。

　また腸は、脳とはまったく関係なく働く独自の神経系を持っ
ているため、脳からの指令がなくても 24 時間働き続けること
ができる唯一の臓器です。
　こうした働きは、他の臓器はもちろん、あの力強い心臓でさ
えできません。

マインドとハート

　体の反応のほとんどは、マインドとハートが支配しています。
　何かを決断をするときに不安や恐れの感情が湧く場合、体は
ほぼ確実に拒否反応を示します。
　**お腹の基本的な感覚は、ズシッとした感じがするかしないか、
緩むか窮屈に感じるかです。このような反応を起こすのが、「マ
インド」と「ハート」です。**

　「マインド」は、心、精神のことで、結果を得るための心がけ

という意味合いが強く、損得勘定などを重視するのはエゴのマインドです。

「ハート」は、直観のことで、違和感などで現れるハイヤーセルフからのメッセージです。

エゴとハイヤーセルフの声を聞き分けるには、いったん心を静める必要があります。

直観の導きを打ち消すのは、たいていエゴのマインドだからです。

例えば、「大好きな○○の道で生きていきたい」「○○で自由に生きていきたい」という強い願望を持ち、ハイヤーセルフから「直観」という形で願望実現の導きのメッセージを受け取っているのに、気づくことができない。または、本来の願望がいつの間にか「お金が必要」「お金が欲しい」にすり替わってしまい、結局お金が手に入るまで身動きできなくなる。

モヤモヤ悩んでいるとき、迷っているとき、チャレンジに立ち向かわねばならないときに、頭を使って考えてみてもどうにも答えが見つからないことがあります。考えても考えても答えが見つからないときは、考える作業をやめて直観を活用してみると、思わぬ形でスッキリできるでしょう。

　直観はよく第六感といわれます。第六感は、五感（視覚・聴覚・味覚・嗅覚・触覚）と区別されて表現されることが多く、また五感よりも捉えにくいものと思われがちです。

　五感が体を通して感じるものであるのに対し、第六感は昔から「心を通して感じるもの」といわれてきました。感覚としてはっきりと定義するのが難しいため、神秘的なものとして扱われる傾向があります。しかし近年では、直観はその存在が科学的に証明され、様々な研究が行われています。

　思考では、過去の自分の経験や学んだこと、見てきたことなど、これまで集めてきた情報を使って答えを導き出します。一方、直観は「今この瞬間」に焦点を当てており、過去の情報とは関係のない、「今この瞬間」の自分に必要な情報を受け取る方法です。

　そして直観は、受け取ったその人だけが納得できるものなのです。

直観（ハイヤーセルフ）に繋がる瞑想ワーク

　直観は、お腹から感覚として現れます。

　ここでは、直観（ハイヤーセルフ）に繋がるための瞑想を紹介します。

①タイマーを５分間セットしてから座りましょう。

目を瞑ったほうがリラックスできる場合は、軽く目を瞑ってください。

②丹田（へそ下５㎝）からみぞおちの間のお腹の部分に、片方の手の平を当てましょう。

その部分が**「第二の脳」**です。

③まず３回ほど深呼吸をします。

片方の手の平をお腹に当てたまま、ゆっくり時間をかけて口から息を吐きます。

風船から空気が完全に抜けていくように、お腹がへこむのを感じましょう。

鼻からゆっくり息を吸い込みながら、鼻先を意識しましょう。

お腹がしっかりふくらむのを感じながら、空気が鼻腔を通る感覚をもっとも感じやすい場所を１つ決めて、そこで呼吸の空気の流れを感じましょう。

そして、身体がリラックスしてくるのを感じましょう。

④座っている自分の身体の重さを感じましょう。

呼吸をするたびに身体がどう感じるかを意識し、さらにリ

ラックスを心がけます。

⑤呼吸を続けながら「第二の脳」に意識を集中させましょう。
　いろいろな雑念が湧いてきたら「雑念が湧いた！」と客観視
して、また「第二の脳」に焦点を戻します。

⑥「第二の脳」に当てている手の平の温かさを感じながら、あ
　なたが抱えている問題や決断しなければならないことを数秒
　間考えてください。

⑦あなたが抱えている問題、または決断についてどうすべきか
　「第二の脳」に尋ねてください。
　あなたのハート（ハイヤーセルフ）に導きを求め、「第二の脳」
の中心から生じるものに意識を向けましょう。このとき、どん
な導きを受け取っても、あれこれと判断を下さず、呼吸を続け
ます。
　あなたのハートから、何も導きが出てこなくてもそのまま呼
吸を続けましょう。

⑧タイマーが切れるまで「第二の脳」に焦点を当てたまま呼吸
　を続けましょう。
　タイマーが鳴ったら通常の呼吸に戻ります。

エゴとハイヤーセルフの声を聞き分ける注意点

「直観（ハイヤーセルフ）に繋がる瞑想ワーク」では、「第二の脳」にチェックインする方法を紹介しましたが、エゴとハイヤーセルフの声を聞き分けるには注意することがあります。

●チェックイン前に注意すること

　ネガティブな感情であれ、ポジティブな感情であれ、熱くなって興奮している場合は十分な時間を取って、感情も静めてリラックスしましょう。

　直観力を高める場合に注意したいのは、なるべくエゴのマインド（疑いや恐れ、否定、優劣などの基準）を切り離すことです。

●チェックイン後に注意すること

「第二の脳」に尋ねて受け取ったものは、しっくり感じましたか？
「喜びや安心」のどちらか1つ、または「喜びと安心」の2つを感じた場合、それはハイヤーセルフからのメッセージである可能性が高いでしょう。

　人生を左右するような重大事を決めなくてはいけない場面では、じっくり考えたいと思うでしょうし、なかなか判断できな

いと思います。

　これは日頃から、例えば「何を買うか」「何を食べるか」など、小さなことからすぐに決めてすぐに行動する練習をしていくことで、エネルギーの通りが良くなり、重大な判断も時間をかけずにできるようになります。

意識の目を体の真ん中に降ろす

第三チャクラは、丹田からみぞおちに位置する自律神経の束

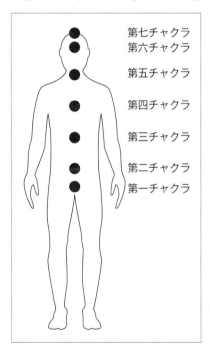

第七チャクラ
第六チャクラ
第五チャクラ
第四チャクラ
第三チャクラ
第二チャクラ
第一チャクラ

で、**第二の脳**といわれるほど重要な役割を担っており、身体の中で司令塔的な機能を果たしています。強力なエネルギーを生み出し、蓄えることもでき、すべてのチャクラにエネルギーを与えることができます。

　第三チャクラの位置は、ヨガやアーユルヴェーダ、気功師によって「丹田（へそ下５㎝）」または「みぞ

おち」と意見が分かれますが、本書では、**「お腹（丹田からみ ぞおちの間）」を第三チャクラの場所**として説明を進めていきます。

　この第三チャクラは、感情や決断力、理性に関係しており、外から入ってきた情報を自分にとって良いか悪いか分類します。本当の自分として生きるために重要な「直観」は、第二チャクラで感じ、第三チャクラで腑に落とし、定着させ確信していくので、第三チャクラが正常に機能することで、「望む人生を創造し、この三次元の物質世界で真の幸せを手に入れる」ほうへ向かっていくことができるのです。

　第三チャクラは、インドの古語（サンスクリット語）では「マニプーラ」、日本語では「太陽神経叢（たいようしんけいそう）のチャクラ」と言います。太陽神経叢とは、お腹の中にある神経叢（神経の束）のことで、丹田からみぞおちの間に位置しています。

　太陽である第三チャクラの色は黄色です。火の性質を持った**エネルギーの発電所で、取り込んだエネルギーを燃やし、その エネルギーによって人を「行動」へと突き動かします。**

　この第三チャクラが正常に機能しなくなると、自律神経が乱れ、様々な病気を引き起こします。自律神経は、人間の内臓機

能、呼吸、血液循環、ホルモン分泌、体温調節などのすべてを司っていますので、第三チャクラが全身の体調維持を左右する鍵を握っているのです。

無数にある情報や刺激からいったん離れてリフレッシュする時間を取ることで、チャクラの働きを蘇らせることができます。

何もしないでボーッとする時間や、瞑想する時間も非常に大切な時間になります。

今後、瞑想をする際に第三チャクラの役割を理解していると、より深い瞑想に導く助けになります。「直観（ハイヤーセルフ）により繋がるための瞑想」をする際、あれこれと思考して脳へ送られている意識を、「お腹」のあたりに降ろしてみてください。

意識の目を体の真ん中の「お腹」に降ろすことで、直観が研ぎ澄まされ、ハイヤーセルフとの繋がりが圧倒的に強くなります。

エネルギーセンター：チャクラ

人体には、正中線に沿って7つ重要なエネルギーセンターがあり、これを**「チャクラ」**と言います。メインのチャクラは、頭から胴体へと縦に配列された7つですが、小さいものを含めると数百あるといわれています。

メインのチャクラは、高次元のエネルギーを取り入れて体内で利用可能な形に変換する場所で、7つの色と7つの波動、そしてそれぞれの性質、それぞれに対応する感情などが定められています。

第一チャクラが一番低い波動で、第七チャクラは一番高い波動ですが、7つのチャクラすべてが、人間の生命や肉体、精神の働きをコントロールする重要なエネルギーセンターです。なので、一番波動の低い第一チャクラが劣っていて、一番波動の高い第七チャクラが優れているという優劣の差はありません。第一チャクラから第七チャクラそれぞれが、人生のある特定の領域を担っています。

第一チャクラ

地上から数えて1番目のチャクラで、色は「赤」です。

生きる土台のエネルギーであり、チャクラの中では一番低い波動で濃密なエネルギーです。

生命エネルギーにもっとも強い影響を与えるチャクラなので、このチャクラのバランスが崩れていると無気力になります。

自分の居場所(家族や住まい)にも関連しています。第一チャクラが正常に機能していると、人生は寛大で、自分に必要なものはすべて手に入るという感覚を持つことができます。

第二チャクラ

地上から数えて2番目のチャクラで、色は「オレンジ」です。

感受性や創造性を司るチャクラなので、正常に機能していないと、人生への不満や漠然とした不安を抱えてしまうことになります。

正常に機能していれば、感情を通して本当の自分に還る方向へ導いてくれ、この三次元の物質世界で、様々な喜びを受け取ることができる重要なチャクラです。

第三チャクラ

地上から数えて3番目のチャクラで、色は「黄」です。

先にも述べましたが、自律神経の束のあるこのチャクラが正常に機能すると、自分にとって心地よい穏やかな自信が湧いてきます。自分の価値を認めることができるため、他人のことも尊重できるようになります。

自己が確立され、相手に流されることがなくなり、ほどよい距離感で人と付き合えるようになります。

精神を司るチャクラなので、**ハイヤーセルフから受け取ったエネルギーは、このチャクラの奥深くに蓄えることもできます。**

問題を抱えているときや決断しなければならないことがあるとき、または使命と思える行動をするときは、お腹に手の平を当てて、どうすべきか第三チャクラ（第二の脳）に尋ねてみてください。

あなたの方向性に間違いがなければ、必ず合図として判断力が上がり、自己表現する勇気と行動力のエネルギーが生まれます。

第四チャクラ

地上から数えて4番目のチャクラで、色は「緑」です。

ハートチャクラとも呼ばれ、**無条件の愛、慈愛のエネルギーを司っています。**

このチャクラが正常に機能していると、自分の存在は価値のあるものだと信じることができます。

自分はすべての人から愛される価値があると感じ、他人に対しても無条件に愛を与えることができます。依存や他人をコントロールしたいという、エゴを手放した自他ともに愛し愛される真の愛です。

愛、慈愛は、受け取ることと与えることのバランスが大切ですが、このチャクラのバランスが取れていると、シンクロニシティがよく起こります。

第五チャクラ

地上から数えて5番目のチャクラで、色は「青」です。

表現力やコミュニケーション能力を高めるためのチャクラです。

このチャクラは、**潜在的に誰もが持っている「透聴力」と深**

く関係しています。

透聴力とは、内なる声（ハイヤーセルフ）が音で聞こえたり、脳内で聞こえたりする能力で、顕在意識のうるさい思考の声ではありません。

第五チャクラが正常に機能していれば、この透聴力がもたらされます。

第五チャクラは、第四チャクラのハートチャクラから出てくる純粋な思いを、そのまま外あるいは頭に送り込むためのエネルギーの通過点です。

例えば、心で思ったことと違うことを言うと、程度の差はあれ違和感（ズレ、歪み）を感じます。それは私たち人間が、ただの物質ではない精神体の影響を強く受けていることの証拠でもあります。第五チャクラは、**不自然なものを通さないフィルターのような役割**をしますので、本当の自分に還る方向へ導くガイド役であるとも言えます。

あなたが自分自身や家族や、友人などに本音が言えないとか、嘘や隠しごとがある場合、「今から5分だけは自分自身にも他人にも自分の真実の心と言葉だけで話そう」と、少しずつ真実の時間を持つようにしてみてください。

このとき、闇（偽心や嘘や、隠しごと）を否定する必要はまったくありません。

光は絶対的な愛であなたの闇を浄化します。

真実の時間、真実のときの小さな光を、少しずつ増幅させていくことが、第五チャクラの活性化に繋がっていきます。

心と体、理想と現実、想いと行動、これらを乖離させずに調和させていくことが大切なのです。

第六チャクラ

地上から数えて6番目のチャクラで、色は「藍」です。

精神世界の視点 **「第三の目」** といわれる位置にあり、叡智や直観力、スピリチュアリティ（精神性）を表します。**第六感**といわれるのもこの部分になります。

オーラ視（目に見えないエネルギーが視える）、**透視能力**（過去・現在・未来や他人の心が視える）などの能力を持つ人に共通しているのは、意識的にこの第六チャクラを活性化させることができる点です。オーラ視や透視能力は、特殊能力だと思われがちですが、誰でも持っている能力なのです。

第六チャクラは、本来の自分らしさとは違う自分を自己イメージしているとき、正常に機能しなくなります。例えば親の期待や考え方の影響、または社会や文化によって作り上げられた男性像・女性像などによって、その期待に沿う行動を取るよ

うになると、本来の自己イメージを正確に認識することが難しくなります。

　自己イメージの正確な認識は、人生の方向性を明確にしてくれる大切なものです。「自分は何が好きなのか」「自分はどんな感情を求めているのか」など、本当の自分に還るために自分と向き合うことが必要です。

第七チャクラ

　地上から数えて7番目のチャクラで、色は「紫」です。

　このチャクラが開くと、私たちはすべてが1つ（**ワンネス**）であることに気づきます。「人は宇宙の一部であり心、体、万物すべてが1つになって未来に繋がっている」と感じるようになるのです。

　すべての出来事には意味があり、それらは調和へのプロセスであることを理解している状態です。

　ですから、自分や他人の「ありのまま」を受け容れることができ、すべての状況を楽しめます。自然の流れを受け容れ、宇宙のリズムに沿った行動をしているので、いつも心の中が満たされています。

　これは、**第一チャクラがしっかりと大地と繋がっていること（グランディング）、そして第一チャクラから第六チャクラまでが正常に機能**することで、初めて可能となることです。

チャクラまとめ

　チャクラは、正常に機能していないチャクラだけを活性化すればよいということではありません。

　すべてのチャクラが正常に機能して、エネルギーが活性化することにより、毎日をエネルギッシュにより輝いて生きる。それが「チャクラのバランスが取れた状態」なのです。

第七チャクラとワンネス

　第七チャクラの説明のところで触れた「ワンネス（Oneness）」。

　これは、哲学、物理学、スピリチュアルで使われている言葉です。

　スピリチュアルで言うワンネスとは、「人、動物、植物、そして過去現在未来」など、すべては「**1つ（統合意識）**」であり、それぞれが宇宙の一部であるという考え方です。

　この考え方は、「**素粒子（物質を作る最小単位）がすべての物質のもととなり、物質すべてが素粒子である**」という物理学が原点です。

　ワンネスは、「愛、慈愛、受容、肯定、与える」などのポジティブなエネルギーによって、波動、意識、純粋性を上げていきます。

　逆にワンネスではない**分離意識**のときは、「攻撃、否定、拒絶、恨み」などのネガティブなエネルギーにより、苦しみが生まれます。

　そして、「統合」が進めば進むほど、分離意識によって生じる苦しみは減少し、心の中が愛と喜びで満たされていきます。

　分離意識によって生まれる苦しみは、決して「悪」「無駄なもの」ではありません。

　分離意識がなければ、自分の役割、学びたいこと、味わいたいことを知ることができないからです。すべての魂は、ワンネスを知るための人生プロセスを与えられており、魂は人生を通して様々な経験を経て、精神的な進化を遂げます。

　人は誰でも「なぜこんな酷い目に遭わなければならないのか？」と、痛みや苦しみも経験しますが、その経験を経てこそ、人は痛みの本質を知ることができますし、慈愛の心を育てることに繋がります。

　慈愛の心は、「すべては変化する」ということを知っている温かなまなざしで、浮かんでは流れていくいろいろな心の反応

に気づきながら、「良い変化を促し見守るまなざし」を育てていくものです。

「私の人生の課題や使命とは？」「私は何者なのか？」の答えの1つは、私とは唯一なる無限から生ずる一部分であり、常に宇宙と共鳴し、常に変化を待ち望み、変化を楽しみ続ける命あるものなのだということです。

　　第七チャクラが開きエネルギーが解放されることで、ワンネスの意識も開花されます。
　そして、生まれる前に設定してきた人生の課題に気づき、なぜ自分がこの世に生を受けたのか、その使命がはっきりとするのです。

二元性の分離意識の世界
　この三次元の物質世界は、**二元性の分離意識の世界**です。
　二元性の分離意識の世界とは、「自己と他者」「男と女」「優と劣」「光と闇」というように相対する2つの要素に分別された世界のことです。

　もともと私たちは、1つの愛でした。
　あなたは、一人ひとりが「個」として存在していると感じて

いるかもしれませんが、本当は意識の深いところでは繋がっているのです。けれど「もともと1つの愛」だということに気づけば、あなたの見る世界、感じる世界は変わります。

「他者」という存在があるからこそ「自分」という存在に気づき、「他者」の存在があるからこそ「愛する」「愛される」を経験することができます。

魂を分離させたことによって「自己と他者」という関係を創り出し、様々な経験を経て「自己と他者」が愛を循環させ統合へ向かっていくのです。

二元性の統合は、意識の振動数の上昇とともに起こります。

意識の波動がより細かく軽くなり、物事の光の側面(勝利・豊かなど)と同じように、闇の側面(敗北・貧しいなど)も無条件に受け容れることができるようになることで、二元性の統合が起こります。**良いものは受け容れるが、悪いものは拒否したりコントロールしようとする心的態度が、苦しみと分離を生じさせるのです。**

意識の波動が粗く重い場合、観念は凝り固まり、外側(環境、人など)に対して、歪んだ受け止め方をしがちになります。

反対に意識の波動が細かく軽くなれば、観念は柔軟になり、1つの物事を多くの観点から判断できるようになります。物事

は善にも悪にもなり得るという理解に至り、外側の世界に見えている思い通りではないものを変えようとしたり、非難したりすることはなくなります。

　今、私たちがこの世界においてするべきことは、すべての魂は統合しているという認識を可能な限り育てていくことです。

　そのためには、様々な境遇に置かれ、栄光や挫折、喜びや悲しみなどいろいろな体験が必要です。

　あらゆる体験により、あらゆる状況の人の気持ちを自分のことのように共感できるようになり、思いやりの気持ちが芽生え、愛が生まれてきます。

　愛とは他者と１つになろうとするエネルギー。愛によって、私たちの魂は１つに統合していくのです。すべての魂は、潜在的にワンネスの体験を求めています。

　ですから、魂に従えばワンネスに自動的に近づいていくのです。

慈愛の心が溢れた温かい世界
　この三次元の物質世界にワンネスが起これば、慈愛に溢れた温かい世界となり、いじめも諍い（いさか）も起きない、餓えもない平等な世界になります。

　世界平和を願っている人は多いでしょう。

　しかし、現実的には世界平和は叶わないという固定観念や思い込みを持っている人が多ければ、争いがなくなることは難しいと思います。

「『平和を願っている』と口先だけで言っても偽善的な気がする」という人や、「自分のことで精一杯で、世界平和だなんて壮大すぎる」という人、「自分の周りの人でさえ平和にできないのに、世界平和を願うなんておこがましい」という人もいるでしょう。

　ただ、それでも世界平和を願うことは大切だと思いますし、一人でも多くの人に世界平和を願ってもらいたいと思っています。

　私は、多くの人に影響を与えることができなくても、一人ひとりが統合意識、慈愛の心を持つことによって、世界は変化していくと信じています。

　たとえ募金額が少額でも、その思いは集合意識を高めるはずです。1円の募金でも愛が込められていれば、そのエネルギーが集合意識に伝わり、集合意識から個人へと伝わって、多くの人への喚起となり、最終的には総額が大きくなることもあり得るのです。

私の子供たちは、幼い頃から親の募金活動や被災地に支援物資を送る活動を見てきたので、世界には社会的弱者がいるということを知り、わずかな金額でも、弱者に思いを馳せて募金することの大切さを知っています。そして小学校高学年になると、自らの意思でボランティア活動に参加し、高校生になった今は、より活動範囲を広げています。

日常で感じるワンネス

　私たちは、無意識に日常の中でワンネスを感じ取り、その瞬間に心地よさを感じています。

　例えば、雲の移ろい、雲ひとつない青空、四季折々の山、風の薫り、川の流れ、波の音など、自然を感じると心が落ち着きリラックスします。それは**「自然との一体感」**を感じているからにほかなりません。

　私は森林浴をしているとき、自分という存在は大きな自然の一部であるという一体感を感じ、とても心地よい時間を過ごします。

　樹木に囲まれただけで、美味しい森の空気に爽快感を覚える人は多いのではないでしょうか。

　これは、樹木から放出される**「フィトンチッド」**と呼ばれる

芳しい香りがもたらす効果で、私たちは森林浴をすることで、フィトンチッドを体内に取り入れているのです。

このように自然を感じているとき、そこには思考はなく、ただただ自然と同化するような感覚、それは自然に対しワンネスを感じている状態です。

そして、瞑想でも心地よい一体感が起こります。

瞑想が深まると愛の温かさに包まれ、「すべては１つ」という感覚を感じられるようになるのです。

ワンネスのための慈愛瞑想

・自分自身への慈愛

①楽な姿勢で３回ほど深呼吸をします。

ゆっくり時間をかけて口から息を吐きます。

風船から空気が完全に抜けていくように、お腹がへこむのを感じましょう。

鼻から息をゆっくり吸い込みながら、鼻先を意識しましょう。

お腹がしっかり膨らむのを感じながら、空気が鼻腔を通る感覚をもっとも感じやすい場所を１つ決めて、そこで呼吸の空気の流れを感じましょう。

そして、身体がリラックスしてくるのを感じましょう。

②自分自身に意識をシフトさせます。
　意識を自己評価、あるいは感情的苦痛にシフトしてください。

③母親が愛する我が子に接するように、自分に対して優しく温
　かなまなざしを向けて、次の慈愛のフレーズを語りかけます。
「私が喜びで溢れますように」
「私が安心で守られますように」
「私が幸せでありますように」
「私が溢れる愛に包まれますように」

　自分で考えた慈愛のフレーズを使ってもかまいません。
　自分でフレーズを考えるときは「喜び、安心、幸せ」など、
あなたにとって効果的なものを選んでください。

・他人への慈愛
　この「ワンネスのための慈愛瞑想」は、家族や友人に対して
も使うことができます。

①楽な姿勢で３回ほど深呼吸をします。

②家族や友人に意識をシフトさせます。

意識を家族や友人への思い、あるいは家族や友人が抱えている悩みにシフトしてください。

③家族や友人に対して親切な心、思いやりを込めて、次の慈愛のフレーズを語りかけましょう。
「家族（友人）が喜びで溢れますように」
「家族（友人）が安心で守られますように」
「家族（友人）が幸せでありますように」
「家族（友人）が溢れる愛に包まれますように」

ぜひ自分で考えた慈愛のフレーズを使ってみてください。
自分でフレーズを考えるときは、「喜び、安心、幸せ」など、家族や友人にとって効果的なものを選んでください。

・手に負えない人への慈愛
この「ワンネスのための慈愛瞑想」は、手に負えない人に対しても使うことができます。

もしあなたに望む気持ちがあるならば、親切な心と思いやりを、手に負えない難しい関係の相手に送り、あなたの内的な反応を観察してみましょう。

手に負えない人に対して慈愛の心を込めることで、相手があ

なたを傷つけないようにするだけでなく、相手も幸せを求める一人の人間であることを理解する試みになります。それによって、あなたの状況や相手との関係が変わり、あなたが抱えているネガティブな感情が解放される可能性があります。

　この場合、心に留めておいていただきたいのは、「ワンネスのための慈愛瞑想」を行う上で多くの感情を経験する可能性があるということです。

　その感情は、怒り、悲しみ、嘆きなど、苦痛を伴うものかもしれません。

　もし苦痛な感情を経験しても、「ワンネスのための慈愛瞑想」は失敗ではありません。

　この瞑想を実践することで、心の奥深くにある感情が解放され癒しになります。

　自分の感情のすべてに意識を払い、１つひとつ尊重し、浮かんでは流れていくいろいろな心の反応に気づきながら、「良い変化を促し見守るまなざし」を育ててください。

①楽な姿勢で３回ほど深呼吸をします。

②手に負えない人に意識をシフトさせます。
　意識を手に負えない人との関係にシフトしてください。

③手に負えない人に対して気持ちを込めて、次の慈愛のフレーズを送りましょう。

「相手が幸せでありますように」

「相手が溢れる愛に包まれますように」

　ここでも、ぜひ自分で考えた慈愛のフレーズを使ってみてください。

　自分でフレーズを考えるときは、「喜び、安心、幸せなど」、手に負えない人にとっての効果的なものを選びましょう。

陰陽（二元性）のエネルギーバランス

　この世に存在するすべては、**「陰と陽（二元性）」**の2つのエネルギーバランスの循環で成り立っています。

　この世界で最初の陰陽の要素といえば、「天と地」です。

　他の例では、「男性性と女性性」「表と裏」「上と下」「未来と過去」「動と静」「肯定と

否定」など、対極にあるものすべてがバランスを取って存在しています。

　陰と陽は、どちらが良い・悪いと決めるものではなく、両極がなければ存在しません。

　陰陽で成り立っているこの世界でもっとも身近なのは、「男女」ではないでしょうか。

　私たちの中には、肉体的な性別とは別に「男性性と女性性」という２つのエネルギーの性質があります。一般的には、男性は「男性性」が強く、女性は「女性性」が強いとされていますが、どちらも一人の人間の中に存在しており、どちらも誰もが持っている性質です。

男性性エネルギー（与える）：理性的・放出・拡大・上昇
女性性エネルギー（受け取る）：感情的・直観・吸収・受容・
**　　　　　　　　　　　　　　　　共感**

　陰陽のエネルギーでは、2000年代は「女性性の時代」であり、すでに本格的な女性性の時代に入っているといわれています。女性性のエネルギーが中心に動く時代は、「調和、繋がり、育む」が強まる傾向があり、自分の感覚を大切にする流れが加速していきます。

　私は、この流れを活かして、男性性と女性性が統合された新しい時代を創ることが大切になってくるのではないかと思いま

す。私たち「個」の中の「男性性と女性性」の両極がバランス良く統合されると、男性は周りとの共存を考慮に入れながらも積極的な行動が取れるようになり、女性は感受性や直観を活かしつつ柔軟に行動できるようになっていきます。

私にとっての女性性エネルギーの時代とは、「五感」「個」「創造」を極めて、私の内側の男性性と女性性を統合していくことです。

物質的な豊かさを優先してきたこれまでの時代では、「何かを得るために我慢や努力すべきである」という「すべき思考」で心を抑圧してきました。

私も「すべき思考」によって、自分の気持ちや感覚に意識を向けることが十分にできず、気持ちや感覚を閉じて生きてきたのです。しかし「すべき思考」など、抑圧してきた余計なものを削ぎ落とし、「自分らしく」を選択していく過程で、私の五感がみるみる蘇ってきました。

香りを楽しみ、肌の温もりを感じ、新鮮な食材を味わい、好きな曲を心で聴き、季節ごとに変わる景色を楽しむ。どれも忘れていた感覚を再び味わう感動がありました。

私の中の「男性性と女性性」は、女性性が抑圧されていて、表現すると生きていけないという思い込みが強くあったので

す。しかしそれを解放したことで、人生を創造していく喜びを得ることができるようになりました。

　もしあなたが、仕事を最優先し、プライベートや体調、自分の気持ちを後回しにして生きているのであれば、男性性が極端に強調されており、女性性は抑え込まれバランスを崩しています。

　自分の内側の「これいいなぁ！」「こんな生き方をしたい！」という女性性の声を無視し続けると、自律神経の束がある第三チャクラ（第二の脳）が正常に機能しなくなり、**どれだけ成功しても、どれだけ結果が出ても、自己表現する勇気と行動力のエネルギーを維持することが難しくなります**。この第三チャクラが位置するお腹からの声を優先することで、心地よい穏やかな自信が継続するのです。

　会社員の頃の私は、知らず知らずのうちにワーカホリックになっていました。
「人間の価値は人生で何を成し遂げたかによって決まる」という観念から生まれた不安にかきたてられ、仕事にのめり込んでいたと思います。
　年末年始やお盆も出勤し、プライベートで遊ぶ時間は無駄だと感じる完璧主義。人に仕事を任せることができない、何より

も仕事を最優先する生活でした。

しかし、やる気や集中力を高めるときに放出されるドーパミンの過剰放出が何年も続き、やがてドーパミンの欠乏とともに無感情になってしまったのです。

どれだけ仕事で結果を出しても、人生を楽しむことをまったくしてこなかった私は、極度の疲労と感情の枯渇状態であるバーンアウト症候群（燃え尽き症候群）に陥り、職場で心臓発作を起こし、手術を受け、そのまま長期入院生活を送ることに。

女性性のエネルギーは、結果を出すことを目的にしてしまうと正常に機能しません。

自分の内側から湧き上がる思いをコントロールせず、今この瞬間を満たす生き方をすることにより、女性性のエネルギーである「受け取る」と、男性性のエネルギーである「与える」の循環とバランスを、上手く機能させることができるのです。

愛の流れも「与えると受け取る」の循環とバランスが大切です。

受け取るばかりでは「陰」に偏りすぎますし、与えるばかりでも「陽」に偏りすぎてしまいます。受け取りすぎていると感じるならば、与えることを考えて行動してみることで「陽」を補うことができます。与えすぎていると感じるならば、受け取

ることを意識し、素直に受け取り、陰と陽のバランスを取ることによって良い流れを創ることができます。

　人間関係の場合、内向的で物静かな「陰」のタイプの人がいれば、社交的で活発な「陽」のタイプの人もいます。これは良い・悪いなどと比較するものではなく、その人その人の個性なのです。陰の人にないものを陽の人が持ち、陽の人にないものを陰の人が持っている。陰陽は正反対ながらも、惹き付け合い、補い合ってバランスを取っています。

　自分の身に起きる出来事の場合、ネガティブな陰の部分だけを見ていると、陽の部分を見落としてしまいます。陰も陽も１つだと分かっていれば、ネガティブな感情に囚われずに前へ進むことができ、起きたネガティブな出来事の肯定的な側面を見ることができるので、今ある幸せや感謝の気持ちに気づく能力も高くなります。

チャクラを整えるチベット体操

　チベット体操は、もともとは古代チベットの僧侶が、瞑想に入る前に精神を浄化する儀式として行っていたものを、シンプ

ルで効果的な「5つの儀式（ポーズ）」に変えたものです。

　チャクラを意識した5つの儀式は、7つのチャクラをダイレクトに刺激し、チャクラバランスを非常に効率良く整えますので、心と体の若々しさを保つ効果もあります。

　チベット体操の呼吸法は、副交感神経を優位にし、深いリラックス効果を得られます。今この瞬間に気持ち良く意識を向けることができる**チベット体操自体が、動く「マインドフルネス瞑想」**になるのです。

　私たちは、マインドフルになることで本当の自分になる（繋がる）ことができます。

　チベット体操をただ毎日続けるだけで、今までの「これが自分だ」との思い込みや、無意識に抱え込んでいた悩み、仕方ないと諦めていたことなどに気づき、手放すことが可能になるのです。

　チベット体操によってチャクラが正常に機能するようになると、**シンクロニシティ**が次々と起きて、願望実現のスピードが上がります。

　私は、2018年5月からチベット体操を続けています。

　チベット体操を始めてからは、日常の小さなことからビジネ

スに関わることまで、いろいろなシンクロニシティを経験する
ようになりました。

　お米や野菜を買おうとしたら、実家や親戚からどっさりいた
だいたり、膨大な資料を分かりやすくまとめたいと思っていた
ら、私の理想の形にまとめるアイデアをくれる人に出会ったり、
会いたいと思っていた人から連絡がきて会うことができたり
と、気づけば思い通りの環境で、思い通りの人生を生きていま
す。

　チャクラを整えることで、宇宙から注がれるエネルギーを受
け取るアンテナの感度が良くなり、生活がより豊かになったの
です。
　この宇宙エネルギーを意識して、思い通りの人生を生きてい
く鍵は呼吸法にあります。
　**深い呼吸によって顕在意識が抑制されると、潜在意識が活発
化します。**

チベット体操のミラクル効果
　ヨガ経験者の方ならご存知だと思いますが、ヨガにはたくさ
んのポーズがあります。意外に体力も必要とするので、挫折す
る方も多いと聞きます。

　しかしチベット体操は、ヨガの要素があるにもかかわらず、「たったこれだけでいいの？」と思うくらい簡単で、ご高齢の方や体力に自信のない方、運動をしたことがない方でも取り組みやすいと思います。

　実際私は、運動らしい運動は一度もしたことのない運動音痴ですが、無理なく継続できていますし、私の母（73歳）も毎朝の日課になっていて、楽しく続けられるためか生き生きとしています。

　チベット体操は、瞑想との相性が非常に良く、「5つの儀式」でチャクラを整えた後、私は必ず瞑想をしています。
　時間に余裕がないときは5分程度、時間にゆとりがあるときは30分以上行っています。ただ瞑想だけのときより、チベット体操後に瞑想するほうが深い瞑想に入りやすく、直観力に磨きがかかっているようです。

チベット体操のやり方

　5つの儀式（ポーズ）を3回からスタートします。

　1週間ごとに3回・5回・7回と、回数を2回ずつ増やしていきます。

　10週目に21回に到達したら、21回のまま継続します。

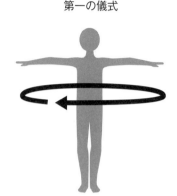

第一の儀式

　5つの儀式は、本やDVDを買ってしっかり読んでからスタートすることをオススメします。

　私がチベット体操を始めるきっかけになった本は、DVD付きの『引き寄せ力が高まる！チベット体操＆瞑想BOOK、奥平 亜美衣（著）、梶本 恵美（著）、出版社：永岡書店（2015/11/18）』です。

　チベット体操は、簡単なのにその効果は幅広く、若返りやダイエットに効き、心が安定し性格が穏やかになるといわれるほど絶大なものです。

代表的な効果

・ヨガより強く深い呼吸で、痩せやすい体質を作る

・波動が高くなるので、小さなことで悩まなくなる

・甘いものを欲しくなくなる
・若返り、肌艶がよくなる
・基礎体温が上がり、免疫力がアップする
・姿勢が良くなる
・生理痛が緩和する
・体が引き締まる
・直観力が高まる
・性格が穏やかになる
・自然治癒力が高まる　など。

気をつけること

　チベット体操は効果が高い分、間違ったやり方で行うと危険です。ですから、最初は本やＤＶＤを買ってしっかり学んでからスタートしてください。

　チベット体操の本はいろいろありますが、どの本にも注意事項として必ず「回数」が書かれています。**「21 回以上やってはいけない」「初日からいきなり 21 回やってはいけない」**と書かれていますが、これは簡単なポーズとはいえ、いきなり多く行うと体調が悪くなることがあるからです。
　チベット体操は、チャクラの回転を整えて活性化・浄化する体操なので、普段スポーツで体を鍛えているとか、体力があるということは関係ありません。くれぐれもいきなり 21 回から

スタートしないようにしてくださいね。

　そしてチベット体操は、チャクラの回転が乱れている人ほど好転反応が大きいといわれています。
　チベット体操を続けていくと、強い眠気や頭痛、倦怠感など、体に異変が起きることがありますが、これは好転反応なので心配ありません。むしろそこでチベット体操をやめてしまわずに、続けていくことで、体が浄化され好転反応が抜け、とっても良い状態になります。

　この良い状態というのは、自分の思考に気づく力がはっきり分かるほど高まり、思考を選び直すことが簡単にできるようになる状態です。
　ネガティブな感情が湧くと、**スッと客観視しているもう一人の自分が現れる**ようになるのです。

　私も、瞬間的に「ネガティブな思考」にはまることがありますが、おかげですぐに気づくことができます。
　そして思考を選び直し、「在りたい自分」「喜び」を選んで行動しています。
　そうすることで、現実が動き始めるのです。

持病のある方、お薬を飲んでいる方へ

　高血圧などの持病でお薬を飲んでいる方や、手術を受けられた方など、チベット体操をやってはいけない条件もありますので、病気療養中の方は必ずかかりつけの医師にご相談いただき、医師の了承を得てからスタートしてくださいね。

第六章

本当の私に贈る

慈愛フル・ビブリオセラピー

願望実現しない最大の理由

第一章から第五章までは、「知識を得る」「感情を整理する」に重点を置きました。

最終章の第六章では、潜在意識の特徴を理解し、潜在意識の能力を最大限に引き出す方法で、「固定観念や思い込みが自然に願望実現に繋がる信念」にシフトしていきます。

人は誰しも、何かしらの考え方のクセ（パターン）を持っており、この考え方のクセが願望実現の妨げとなっています。

例えば、気持ちが落ち込んでいたり不安になったとき、「私は何をやってもいつも失敗に終わる……」「私は運が悪い……」などのフレーズが、ふと心に浮かんでしまう。あまりに自然で慣れ親しんだ考え方なので、それが自分の考え方のクセだと気がつかないことが多いのです。この考え方のクセが強い人ほど、固定観念や思い込みも強い傾向にあります。

固定観念や思い込みは、生きてきた年数分だけ潜在意識に保存されています。

保存してきたものは、親や先生など関わってきた人たちの価値観、社会通念、世間体、常識、自分の体験、トラウマなどで、ぎっしり詰まっています。

そのほとんどが、ありのままでいることを許さないネガティ

ブな固定観念や思い込みです。

　この潜在意識に保存された固定観念や思い込みを必死に書き換えようと試みることは、潜在意識の抵抗を受けてしまうので大変難しいのです。

　第六章では、潜在意識の様々な特徴を掴んでいただき、あなたの潜在意識に保存されている固定観念や思い込みを無理に書き換えようとするのではなく、潜在意識の抵抗を受けない自然な形で、潜在意識のより奥深い部分にある集合的無意識に願望実現に繋がる信念を届け、本当の自分として生きることを目的とした「慈愛フル・ビブリオセラピー」について紹介します。

固定観念は悪いものなの？
　固定観念は、もともとは自己防衛のためのものですから、完全に消す必要はありませんし、完全に消すこともできません。悪いものだと否定するのではなく、上手く付き合っていけばいいだけのこと。
　固定観念には、メリットもデメリットもあります。
　ネガティブな感情が湧くというのは、自分の価値観（固定観念）に反する出来事が起きているサインですが、無理に懐疑的になる必要はありません。信じていることがあるのは大切なこ

とです。しかしあなたが今、窮地に追いやられ八方塞がりになっているのであれば、潜在意識に保存されている固定観念を願望実現に繋がる信念にシフトするチャンスです。

　物事には必ず、「楽と苦」「明と暗」「良いと悪い」など二律背反があります。

　そしてその一面だけ見ていては気づけないこと、決めつけていることがたくさんあります。

　視野を広げて両方の側面を知ろうとする姿勢が、人生を豊かにする可能性を広げます。

　私たちが住むこの世界は、陰と陽、そして中庸の三次元です。

　陰と陽は、絶えず循環する、同時に拡大する、という特徴があります。

　窮地に追いやられ八方塞がりというのは、「陰＝苦」に大きく偏っている状態。

　このように陰に大きく偏っている場合、くるりと反転すれば、次に訪れる「陽＝楽」は強いものとなります。絶望の向こうには大きな喜びや楽しいことが待っているということです。

　しかし、富を得る、社会的に成功するなど、自分の望んだ通りに進み、すべて実現したからといって浮かれてばかりはいられません。

　成功体験にあぐらをかいて傲慢になっていると、次に訪れる「陰＝苦」が強いものとして現れます。

　大きな成功を収めた人、素晴らしい人生を送っている人は皆謙虚で、**小さな感謝が大きな力となっている**ことをよく知っています。

　感謝のエネルギーを放てば、自分の周りにいる人、物、環境、そしてお客様、扱う商品やサービスまでもが愛のエネルギーに合うものになっていきます。

　愛を受け取って嫌がる人はいません。だから愛を持って手掛けることは、たくさんの人に支持され、豊かさが運ばれてくるのです。

「成功」「お金」が感謝の対価だと分かっていると、お金をどんなに手に入れても、失ったり足を引っ張られたりすることがなくなります。

　手に入れても手に入れても満たされない貪るような欲は、自分さえ良ければという感謝と、愛のない「エゴの望み」です。しかし感謝と愛に溢れた「本当の自分が望むもの」であれば、陰陽が反転して「陰」が中和（中庸）されて、苦労を苦労とも思わず、そして努力を努力とも思わず人生を楽しめるのです。

光が強ければ強いほど、陰もまた濃くなります。

　窮地に追いやられ八方塞がりになっているときは、「陽」の光が射し込む一歩手前です。

　苦しくて感情が大きく揺さぶられた分、**「幸せになりたい」という思いは強くなりやすく**、知りたくてたまらなかった魂の本当の望みを知るチャンスとなります。

　そして**望みへの思いが強まったとき、固定観念は影を潜めて願望実現に繋がる信念に自然にシフト**するのです。

楽に固定観念を弱める

　固定観念が強い人ほど、それに反することが起こった場合、強い不安や怒りを感じてエネルギーを消耗してしまいます。結果、ますます固定観念が強化され、願望実現からはどんどん遠ざかります。そして固定観念は、もがけばもがくほど絡み付いてきます。

　ここでは、新しい信念にシフトする基本スキルであるマインドフルと、私が楽しみながら自分の価値観（固定観念）をシフトさせた２つの方法をご紹介します。

基本スキル：マインドフル（気づき）

　苦しいことに直面すると、感情が揺さぶられ思考が堂々巡り

し、毎日のように心変わりします。

　ああでもないこうでもないと悩んだ挙句、目の前が見えなくなることは、生きていく上でよく起こることです。意識（心）が置き去りにされた決断は、その先の行動を伴わせることができません。当然、得られるはずの良い結果を得ることはできないでしょう。

　しかし、あなたを苦しめる問題の対象物から心の距離を置くこと、つまりマインドフル（気づき）でいれば２つのことが起こります。

　１つ目の事象：ネガティブな感情が一瞬で止まり、心がニュートラルになります。
　２つ目の事象：心がニュートラルになることで、自分が本当に価値を置くもの、自分の最高の価値観（信念）に意識を向かわせることができます。

　何か起きたときに怒りなどの感情が湧くのは、自分の価値観（固定観念）に反した出来事に反応しているからです。それに囚われないようにするには、マインドフルになることです。

　いろいろな出来事を、「これは良い・これは悪い」というふうに捉えてしまうと、ネガティブな感情が湧き上がります。その感情は一時的なもので、ただ現れては消えていき、生じては

滅していきます。

　現れては消えていくものですから、それをただ「見ている、見ている」と留めるだけにするようパターン化するのです。

　パターン化とは、マインドフルを繰り返すことで習慣化し、潜在意識に擦り込むこと。
　要するに、潜在意識に「客観的に感情を見るクセ」をつけるということです。

　例えば、「三つ編み」の結び方。
　最初は、手元を見ながら編み込んでいきますが、何回も繰り返していると手元を意識しなくてもできるようになりますよね。これが、パターン化（無意識化）された状態です。
　このように、マインドフルでいることがパターン化されれば、どんなに強い固定観念でも、どんなにたくさん固定観念があっても必ず次へ進めます。

価値観をシフトさせた2つの方法
1つ目の方法は、「価値観（固定観念）を変えてくれる人」。
　今あなたがいる環境が、ほぼ同じ価値観の人ばかりという場合、それほど新しい発見はないかもしれません。「類は友を呼ぶ」ということわざがあるように、この自然に集まった人々の価値

観は近い場合が多いでしょう。現状に慣れてしまうと、自分を変化させるような一歩を踏み出すことに少し勇気が必要となりますが、その一歩があなたの価値観を変えることに繋がります。

　私は、いじめと虐待の経験から人間不信に陥り、他人に心を開くことなど到底考えられない状態でした。しかし心理学の世界に入り、脳と心の仕組み、潜在意識の活性化の知識と実践が、私に大きな変化をもたらしました。

　心に深い闇を作った過去の経験、それは脳が危機感を持ち「心が二度と傷つかないように自分を守ろう」とする反応だと理解したときには、「今まで私を守ってくれてありがとう」「もう大丈夫だから」と、自分の内側に伝えることが初めてできたのです。

「人間不信を治さなければいけない」「人間不信は治るわけがない」という固定観念が私を苦しめていましたが、自分の内側に感謝の気持ちを伝えたことで、その後の人との関わりは激変していきました。

　今、私が大切にしているのは、**「人との出会い」**です。
　同じ分野で成功している人や影響力のある人など「会いたい」と思う人と直接会うことで、その人の考え方や価値観に触れることができます。直接の対話ならではの力は大きく、自分の価

値観（固定観念）を根こそぎ願望実現に繋がる信念に変えてしまう、とてつもない力を得ることさえあります。

　私はいくつかの人生のターニングポイントで、自分に必要なリソース（才能、スキル、価値観、行動力）を持っている人との出会いがありました。
　出会った人から大きな刺激を受けるたびに、自分らしさを引き出したり、新たに理想の自分を創ったりしてきました。そしてこれからの人生も、まだまだいくつかのターニングポイントがあると思っています。そして、そのチャンスを活かして自分らしさをアップデートしていきたいと思っています。

　あなたが、もし「自分らしさ」が分からないのであれば、「自分らしさとは？」と考えて悩むよりも「どんな人間になりたいか？」と理想の自分を先に考えて設定してみてください。
　あなたは長所も短所も、得意も苦手も、自分の思い通りに創造することができる存在なのです。

Be（姿・状態）：なりたい自分・状況が最初にあって
Do（行動）：それに向けて行動を起こしたら
Have（手に入れる）：望みがベストなタイミングで叶った

　願望実現は、この意識の順番なのです。

2つ目の方法は、「価値観（固定観念）を変えてくれる本」。

人が一生のうちで出会える人の数というのは知れています。

その中で、この人の生き方を真似したいと思えるような出会いがない方も多いと思います。

そんな人にオススメなのが、**「本との出合い」**です。

本であれば、様々な時代の起業家、発明家、アーティスト、スポーツ選手など、幅広い分野の偉人と出会うことができます。本の影響で、新たな一歩を踏み出すきっかけを得ることもあるでしょう。

私の場合、世界の偉人の本だけでなく、働く女性が主人公の小説や、変わりたいと思う私の背中をポンと押してくれる自己啓発本から、生き方のヒントや発想法などを学ぶこともあります。

本を読むだけで満足し、それで行動したつもりになるのではなく、得た知識の使えそうな部分をノートに書き留め、その知識を実際に使ってみましょう。

仮に、実践の場面で使えなかったとしても、いくつかの知識を組み合わせたり、自分が考案した方法にアレンジすることで、独自の方法論が誕生することもあります。

ただ読むだけでは時間の経過とともに簡単に頭から抜け落

ち、結果が出る前にもとの自分に戻ってしまいますが、「これだ！」と思えるものがあれば、工夫や実践をして、意識しなくても行動できる状態（パターン化）にしていくことです。

　私は、本も立派な出合いの1つだと思っています。
　まずは興味の持てる本を、何冊か読んでみるのもオススメです。
　あなたの考え方を変えてくれるような良書と出合えるかもしれません。

潜在意識の特徴を理解する

　潜在意識と顕在意識の力関係の比率は約9：1ですから、「1の力の顕在意識」のところに願望を宣言して働きかけても、「9の力の潜在意識」にあっさりと却下されてしまいます。

　潜在意識を構成する主な要素は、感情、過去の記憶、固定観念や思い込み、トラウマ、魂（本当の自分）などです。このうち、感情、過去の記憶、固定観念や思い込み、トラウマなどは、顕在意識と潜在意識の両方に存在しますが、魂（本当の自分）は、潜在意識より深い部分にあり、顕在意識では意識することはできません。

①顕在意識は、自覚できる意識で、全体の３〜 10% にも満たない部分。

②潜在意識は、自覚できない意識（無意識）で、全体の 90 〜 97% もある。

③超意識は、魂（ハイヤーセルフ）と繋がっている意識で、集合的無意識の部分。
超意識は宇宙と繋がっている情報空間で、直観などの形でメッセージを受け取る。

集合的無意識は、全人類共通の知識が蓄積されているデータベースのようなものです。

ここには潜在意識から送られてきてきた情報が保存されており、問いかけに対してのみ応答します。

顕在意識から集合的無意識に直接繋がることはできません。①②と段階を踏んで③に繋がるのです。

・潜在意識の特徴１

休まないデータベース

潜在意識は年中無休、24 時間稼働している働き者で、生まれてから現在までのすべての記憶を蓄積しています。顕在意識は使いすぎると疲れて休息が必要となりますが、潜在意識は心

臓のポンプ機能や呼吸、食物の消化、新陳代謝、ホルモン分泌など、体の機能を絶え間なく動かし続けています。

・潜在意識の特徴2
　繰り返された大切な情報だけを選択してパターン化する

　新しいことを毎日続け、行動が習慣化されれば、行動は潜在意識の中に擦り込まれます。
　しかし人間が持つ**「ホメオスタシス」**という性質により、何かを始めても続かずに三日坊主で終わってしまうことが多いのです。
　ホメオスタシスとは恒常性という意味で、生命体が安定的な状態を維持するために持っている生命機能です。例えば体温を36℃台にキープしているように、血圧や血糖値といった体の状態を一定に保とうとする働きがあります。

　このホメオスタシスは、体だけでなく心にも働いています。
　何か新しいことを始めても、いつの間にかいつも通りの自分に戻っていたり、ステージアップのチャンスが目の前に訪れても、過度のプレッシャーで逃げ出したくなったり、変わろうとするともとに戻そうとする力が働きます。

　人間は、自分のセルフイメージの範囲内で生きていくのが

もっとも心地よいと潜在意識が認識しています。その人にとって心地よい範囲を「コンフォートゾーン」と言い、この範囲を超えたときに、ホメオスタシスが発動してもとに戻ろうとする力が働き始めるのです。

このコンフォートゾーンを決めているのも固定観念です。

潜在意識は、言葉が生み出す感情のエネルギーに強く反応します。

言葉が生み出す感情のエネルギーに強く反応するのは、本当のあなたが愛の存在だからです。

愛のエネルギーを伴った体験は、潜在意識に優先的に記憶されます。

愛と感謝に包まれているとき、潜在意識は最大限の力を発揮し、固定観念に変化を起こします。

潜在意識に記憶する前段階で「ＲＡＳ（脳幹網様体賦活系）」という脳内の意識と無意識の間のフィルターが、すべての情報をふるいわけ、その中からあなたにとって大切な情報だけを選択して記憶します。

願望実現に繋がる信念を潜在意識に擦り込むには、いつも考えていることを変えることです。

いつも考えていることが変わると、ＲＡＳの情報選択基準は願いに沿ったものになります。あなたの現実で選択できるもの

も変わるのです。あとは、その選択を「行動」に移すことで、
あなたの現実があなたの望んだように変わっていきます。

・潜在意識の特徴3
現実とリアルなイメージの区別ができない

　理想の自分「Be（なりたい姿・なりたい状態）」を設定し、
リアルにイメージできれば、潜在意識がそのイメージを事実と
して認識してくれます。理想の自分を先に設定することで、「ど
うやって実現するのか？」などと手段を考えなくても、その途
中のプロセスは自動的に創られるのです。具体的には、プロセ
スは直観や気づき、インスピレーションとしてあなたにもたら
され、それを「Do（行動）」することで「Have（手に入れる）」
ができるということです。

　イメージとは、ぼんやりと空想することではなく、例えば、
理想の自分が「仕事で認められる」イメージの場合、「高い給
料を得て家族を幸せにしたい」など、その理想を明確にするこ
とが必要です。

　プロスポーツ選手がイメージトレーニングを行うと、実際に
使われる筋肉が活性化され、脈拍が上昇することが科学的にも
証明されています。

　このようにリアルなイメージは、物理的に具現化を始めます。

　この能力はプロスポーツ選手だけでなく、すべての人に生まれながらに備わっている脳の標準装備です。

・潜在意識の特徴4

　理解できるのは「言葉」ではなく「イメージ」

　潜在意識と言葉を通したやり取りはできません。そのため潜在意識に理想の自分（Be）を送るときも、潜在意識から情報を受け取るときも、イメージを使う必要があります。人間の頭の中心部には、**松果体という内分泌器があり、ここから出るメラトニンというホルモンはイメージを見せる働きがあります。**

　日頃、自分が発する言葉や頭の中で巡っている言葉は、文字ではなくイメージとなって潜在意識に保存されています。そして自分の言葉だけではなく、周りが発している言葉もあなたの潜在意識に擦り込まれていきます。

・潜在意識の特徴5

　論理的な判断ができない

　潜在意識は否定形（〜ない）の判断ができないので、物事をストレートに受け取ります。

例えば「病気にならないように」と常々意識していても、潜在意識は否定形を理解できないので病気を招きます。この場合は「健康でいよう」という言葉に置き換えて、意識すればよいのです。

　潜在意識は**「良い・悪い」「大きい・小さい」などの判断もできません。**

　お金の額が1万円でも1億円でも潜在意識にとっては同じです。

　1万円稼ぐことは簡単だけど、1億円は難しいと信じていれば、潜在意識はその通りに具現化します。

　1万円でも1億円でも簡単だと信じれば、潜在意識はその通りに具現化するのです。

・潜在意識の特徴6
　自他の区別ができない

　潜在意識は、相手に対して思ったことと、自分に対して思ったことの区別がつきません。

　相手を疑うことは自分を疑うことであり、潜在意識の中には疑いが蓄積されてしまい、疑うような状況が具現化されます。

　相手を信じることは自分を信じることであり、潜在意識の中

に信じる思いが蓄積されるので、信じられる状況が具現化されます。

　相手を信じるとは、けっして「相手の言うことは何でも信じましょう」ということではなく、「相手の見ている現実を信じる」ということです。

　相手が見ている現実は、相手の意識が具現化しているものだと受け止めるのです。

・潜在意識の特徴7
　時間の認識ができない

　顕在意識では、過去・現在・未来の区別がありますが、潜在意識では過去・現在・未来の区別はなく、**常に「今」**だけです。

　私は小学校時代にいじめられた経験があり、事あるごとにその経験を思い出していました。

　私にとっては「過去」のことですが、潜在意識は「今」だと認識するのです。

　その結果、私は母の再婚相手である養父に毎日のように殴られ続けました。

　このように、いじめられたときと同じような感情を持つ状況が起きてしまうのです。

そして潜在意識は、未来も「今」だと認識します。

　私は結婚する前に、医師から「卵巣が萎縮して機能していないので、一生妊娠することはないでしょう」と宣告されました。制限型拒食症で生理が10年以上も止まり、体重は38kgで生命維持がやっとの状態でしたから、医者の言葉はごもっともでした。

　しかし、結婚して6年が経ったとき、あるきっかけで「子供が欲しい」という気持ちが芽生え、総合病院に治療法を聞きにいきました。治療法は、ホルモン療法と排卵誘発療法だと聞いた私は、「ホルモン療法の副作用で太るくらいなら、自分で好きなものを食べて生理があった頃の体重に戻すほうがいい。少し体重を増やせば生理が復活して排卵するだろう！」という安易で根拠のない自信が湧いてきたのです。

　当時の私は、潜在意識の知識はほぼゼロです。潜在意識の力を意識して行動したわけではありません。ただ、今思えば、あのときの安易で根拠のない自信は、潜在意識が具現化に向けて動き始めるのに十分なものだったようです。

　潜在意識は、心の底から信じていれば「今」だと認識し、具現化に向けて動き始めます。
　そして、どのような心が込められているかを重視します。

　私は、「子供が欲しい」という気持ちが芽生えたことで、自然と自分の身体を大切にするようになっていきました。**潜在意識は「愛」に強く反応します。**自分に愛を与えたことで、膨大なデータが蓄積されている潜在意識から「生理が復活して妊娠して出産する」ための情報を、私にどんどん見せてくれました。願望を叶えるための情報が脳内にゼロであっても、潜在意識は24時間ずっと情報収集をして私に届けてくれたのです。

　願望は、過去や今の状態から考えるのではなく、未来にどうなりたいのかを考えることです。
「今この瞬間」、理想の自分になることで、愛する自分のためにすべての具現化が起き始めます。

・潜在意識の特徴8
　質問をすると答えが出るまで探し続ける

　潜在意識は、まるでインターネットの検索エンジンのように、欲しい情報を集めて見せてくれます。
　例えば、「私は、どんな働き方をしたら楽しいのだろう」「私は、○○を解決するにはどうしたらよいのだろう」と、**目的を持った具体的な質問ほど、具体的な答えを返して**くれます。

ただ質問を投げかけるだけで、顕在意識で意識的に考えるよりも、素晴らしい答えを導き出してくれるのです。

　それは情報が得られる人に導かれたり、本やネットの情報を深層から掘り起こしたり、直観やインスピレーションによるものです。そしてその得られた選択肢を行動に移すことで、望みが叶うほうへ動き出します。

　気をつけてほしいのは、潜在意識の検索エンジンを「不安や迷い、恐れ」ばかりに使ってはいけないということです。潜在意識は、「どうしたらいいのだろう」「これでいいのかしら」のような、目的のない不安や迷い、恐れの質問に対しては具体的な答えを返すことができません。

　答えの出ない質問がずっと検索され続けるので、あなたの現状は「どうしたらいいのだろう」「これでいいのかしら」という堂々巡りの状態になってしまいます。答えの出ない質問ばかり投げかけている人と、答えの出る質問を投げかけている人では、人生の質が大きく変わってくるのです。

・潜在意識の特徴9
　リラックス状態のときアクセスできる

　潜在意識に理想の自分を擦り込みやすい状態は、**潜在意識と顕在意識が混在した、脳がリラックスした状態（変性意識）の**

ときです。

これは、脳波が「θ波（まどろみ波）」の状態で、瞑想をしているときや夜眠りに就く直前のまどろんでいる状態、起床直後のボーッとしているときなど。

潜在意識にアクセスするコミュニケーションの手段は、言葉ではなくイメージです。

理想の自分をイメージして潜在意識に送り込むのですが、潜在意識の特性を意図的に活用することで、簡単に暗示をかけることができます。

潜在意識は、**完成されず中途半端になった事柄が記憶に残りやすい特性**があります。

潜在意識はピースが足りない中途半端な状態を嫌うので、分からないまま放置せず、不足分のピースを埋めようと検索を続けています。この特性を心理学では**「ザイガニック効果」**と言います。

これは人による例外はありませんから、この特性を効果的に利用して、意図的にピースが足りない中途半端な状態を作って暗示をかけます。

ドラマの次回予告はザイガニック効果の典型的な例で、あらすじを予告するけれど、次回の結末は言わないで終わらせるた

め、次回の展開が気になってしまう心理現象です。

　リラックスした状態のときにザイガニック効果を利用すれば、さらに暗示に入りやすくなります。
　例えば、重要なプレゼンをする場合。
①夜、眠りに就く直前に「最高のプレゼンができて結果が出た自分の姿」をイメージする
②イメージしたまま「私が、最高のプレゼンができて結果を出したら？」
　このように「……したら？」と中途半端な状態で終わらせることがコツ。

※ザイガニック効果を使わずに、潜在意識の「質問をすると答えが出るまで探し続ける特徴」を使って、「私のプレゼンが成功して結果を出すにはどんな方法があるだろう？」でもOK！

・潜在意識の特徴10
　３歳の子供のように愛を求めている

　潜在意識は、小さな子供と似ており、３歳の子供だと思えばよいといわれています。
　人間は、３歳頃までの記憶は言葉を通してではなく、**「愛さ**

れている、温もり、安心、気持ちいい」などの「感覚情報」を潜在意識に保存していきます。

　３歳までにたくさんの愛が保存されると、「何だか分からないけれど人生は上手くいくだろう」というポジティブな思いを持つことができるのです。

　私の心理療法を受けにくるクライアントは、親の愛情を知らない人がとても多く、親の顔すら知らない人、虐待を受けた人、虐待を受けたわけではないけれど愛された記憶がない人など、いろいろな人がいます。

　親の愛情を知らずに大人になったとしても、人間は母性愛を注ぐ能力を持っているので、誰でも必ず幸せな人生を送ることができます。

　潜在意識は人間に例えると３歳くらいの子供ですから、子育ての基本である**「褒める、寄り添う、否定しない」**と同じく、コントロールせずに慈愛の心で寄り添ってあげれば満たされていきます。

慈愛フル・ビブリオセラピー実践の流れ

　ビブリオセラピーは、日本人にはあまり浸透していませんが、認知度の高い行動療法よりも長い歴史があり、古代ギリシャの都市テーベにある図書館のドアには「魂の癒しの場所」と記されていたといわれています。

　そして、20世紀後半から一気に広がり、精神療法の補助的な手段としてだけではなく、個人が日々の生活で困難に感じることに対処するためにも行われるようなりました。

　ビブリオセラピーの盛んなアメリカでは、セルフヘルプのためのワークブックも充実しており、心理的な支援ツールとして活用されています。

　本書は、自分の人生を創るための**セラピーブック**です。

　自分の人生を創るのに、固定観念や思い込みを取り除いたり、壊す必要はありません。

　固定観念や思い込みを波動の低いものとみなし、取り除こうと意識を向けること自体、波動を下げる原因になります。けっして悪者ではありませんから、そのままそっとしておいてあげましょう。

　この「慈愛フル・ビブリオセラピー実践の流れ」を参照し、

次節の「慈愛フル・ビブリオセラピー全ステップ」を実践する
ことで、自己防衛欲求（固定観念や思い込み）より自己実現欲
求（願望）に意識が向けられるようになり、願望への思いがふ
くらみ強まっていきます。

　そうなれば自然に意識的・無意識の両方で願望実現のほうへ
向かっていくことができます。

　潜在意識の中で自己実現欲求が高まってくると、情報が得ら
れる人に会ったり、直観やインスピレーションが湧いたり、本
やネットなどから情報収集できたりということが可能になるの
です。

　あとは、あなたが行動に移すことで、現実がグイグイ動き出
します。

　では、「慈愛フル・ビブリオセラピー」の実践の核となる知
識と、全体的な流れを紹介していきます。

＜慈愛フル・ビブリオセラピー＞

**STEP 1　気づき：マインドフルネスでネガティブな感情を一
　　瞬で止める**

**STEP 2　浄化：母性性でありのままの自分を受け容れ潜在意
　　識を浄化**

**STEP 3　シフトチェンジ：父性性で観念や思い込みを願望実
　　現の信念にシフト**

「慈愛フル・ビブリオセラピー」のSTEP 1 〜 STEP 3には、**第一章から第五章で書いてきた要素がすべて詰まっています。**それらは、本当の自分に還るための重要なエッセンスであり、より深く精神的な領域にアクセスする手段です。

STEP 1　気づき
マインドフルネスでネガティブな感情を一瞬で止める

今この瞬間、気づきで「ニュートラル」に！

ネガティブな感情が湧いていても、「気づいた」瞬間にネガティブな感情は止まります。

なぜ止まるのか？

それは、客観的に自分を観察している状態になるからです。

客観視しているとき、人は自分を外側から観察しています。

その瞬間は自分を責めていません。

焦りや不安もいたずらに増大させていません。

批判者ではなく、ただの観察者です。

自分の状態に気づいた瞬間、今まで無意識にしていたことを意識化したのです。

ネガティブな感情のエネルギーは、とても分かりやすく感じやすいものです。

　このネガティブな感情を否定したり、抑え込んだり、感じないふりをしないで、その感情がどんなものか「気づく」ことがとても大切です。

　今までの人生の中で、自分では対処できない状況に置かれたとき、その感情を思い返さないように蓋をしてしまうことがあります。それは、怒りよりも悲しみだったり、悔しさだったりという場合が多く、蓋をした感情は消えることなく潜在意識に蓄積されてしまいます。

　そもそも、怒りは心理学で二次感情と考えられており、怒りを感じる前にその感情を引き起こす一次感情が存在します。もともと別のネガティブな感情だったものが怒りに変わるのです。

　例えば夫の帰宅時間が遅くて、
「本当に残業なのかしら……」
「浮気しているのでは……」
　と不安になる。
　しかし、夜遅くに帰宅した夫に「こんな遅くまで何してたのよ！」となぜか怒ってしまう。
　このときの一次感情は、「不安」です。
　しかし不安が心の奥深くに蓄積されていると、無意識に別の

感情に置き換えてしまいます。

　避けて蓋をしていた不安を再体験させた夫に対して、二次感情の怒りをぶつけることで再び蓋をしてしまうのです。

　このように、蓋をして感じないようにしている感情は、自分ではほとんど気づきません。

　そして人生で繰り返し問題が起きる分野は、たいていこの蓄積された感情に関係しています。

　潜在意識の力は、繰り返すほど強くなっていきます。

　ですから、ネガティブな感情を避けたり見ないで蓋をすると、防衛する力が強くなり、ポジティブな感情まで防衛するようになってしまうのです。

　そうなると心の底からワクワクすることを感じられない、自分の本当の気持ちが分からない状態に陥ります。

　ふとしたはずみに怒りが湧いてきたら、深呼吸をしてマインドフルになり、「この怒りの裏側にはどんな感情があるのだろうか？」と自分の内側を見つめる習慣がついてくれば、いつの間にか蓋をした感情が辛いものと感じなくなります。

　それは、３歳くらいの子供が、母親にもっとかまってほしくて駄々をこねて甘えていたのに、たっぷりと愛情を注がれ満足して穏やかになるような感じでしょう。

　自分の感じる感情が何であれ、その感情を感じるのには必ず理由があります。

　たとえ、それがネガティブなものであってもです。

　問題なのは、ネガティブな感情に駆られた行動です。

　感情に駆られた行動を取ることで、もとの感情の強度をさらに高め、その感情にエネルギーを消耗させられてしまいます。

　マインドフルになるとは、感情があることを否定したり、抑え込んだり、感じないふりをすることではありません。

　それは調整です。

　調整するのではなく、その感情を受け容れ、**その感情がもはや適切ではないというメッセージを脳に送る**のです。

　「ニュートラル」というのは、ちゃんと感情を感じている状態で、「ポジティブ・ネガティブ」と二元性で物事を判断せず、これも私の一部だと認めることができている状態のこと。

　これは、「ポジティブ・ネガティブ」のどちらかという二元性のステージから、どちらも私の中にあるというステージへ意識を進化させたものです。

　湧き上がった感情に気づいたことで（意識化したことで）ふっと力が抜けるのを感じるでしょう。

　これで、「自分の望まないことを知る」「自分の望むことを選ぶ」準備が整いました。

母性性でありのままの自分を受け容れ潜在意識を浄化

母性性の愛エネルギーで「浄化！」
「自分の望まないことを知る」

　無条件の愛は、「受け容れる、包み込む」母性性の愛。

　幼い頃に母性愛をたっぷり注いでもらった子供は、セルフイメージ（自己像）と自己肯定感（自尊心）が高く土台がしっかりできています。

　母性性の愛で大切に育てていくことは、子供の中に「自尊感情」「自己肯定感」を生み出します。

　子供の頃に理屈抜きの優しさ（母性性）をほとんど与えられず、社会の倫理に裏打ちされた厳しさ（父性性）ばかりで育てられた子供は、セルフイメージと自己肯定感が低くなり、他人から言われたことや些細な出来事に振り回されて、心が不安定な状態に陥りやすくなります。

　自分と本音で向き合い、新しい行動を起こすには自己肯定感が重要ですが、自己肯定感が低い人は、悲観的に物事を考えてしまうために、失敗を恐れて行動できなくなることが多々あるのです。

　しかし、たとえ幼少期に愛情不足だったとしても、**今から自**

分で自分に母性性の愛を注いで満たすことは可能です。

　私たちは、もともと愛そのものであり、「無条件の愛」はもともと私たちの内側にあります。

　この三次元の世界に他人が存在しているのは、「他人が存在しなくても無条件の愛を感じることができる」ことを思い出すためのもの。

　私は長い間、「本当の自分」の完全性を頭では理解していても、現実の不完全さに囚われ、より良いものを求めて「愛、信頼、安心」を外側に探し求めていました。

　しかし、マインドフルネスを深く体得したことで、心の不感症から脱し、今この瞬間の完璧さをハートで感じ、自分の中にある「愛、信頼、安心、幸せ、喜び」を味わうことができるようになりました。

　本当の自分に還る過程は、外側の現実に合わせて今まで創り上げてきた固定観念や思い込みを手放していく過程でもあります。「痛みや苦しみを伴うのでは？」と不安に思うかもしれませんが、心配はいりません。

　マインドフルになることで、自然とエゴに執着することがなくなり、波動も軽やかになって、自由になることができるのです。これは、ありのままの自分を愛する大きな力です。

無条件の愛は、あなたの存在から溢れ出てきます。努力をして外側から得るものではありません。たとえ親から愛を得られなくても、またパートナーから愛情を得られなくても、あなたの選択によって、あなたの内側でしっかり感じることができます。

　潜在意識は、３歳の子供のように愛を求めています。
　そして、もっとも多く繰り返された情報を「真実」だと判断し、保存し、具現化します。

　子供の頃、親や身近な大人から毎日のように「根性なし」「口ばっかり」「だらしがない」「頭が悪いわね」「どうしてこんなこともできないの？」などと人格を否定されながら育ったとしても、今この瞬間から「愛してるよ」「すごいね」「上手だね」「ありがとう」「信じてるよ」と、母性性の愛を注げば、**潜在意識の中に保存されている「ネガティブな言葉」の数よりも「ポジティブな言葉（慈愛）」の数が上回ったときに、セルフイメージと自己肯定感は高まり、それが人生のターニングポイントになるのです。**

　そのためにも、ネガティブな感情をそのまま放置しないでください。

　たとえネガティブな感情であっても、その感情には必ず理由があります。それは「自分の望まないことを知る」、そして「自分がなりたいもの、自分がしたいこと、手に入れたいもの」について考えるためには必要不可欠だからです。

　自分の感情を受け容れられないのは、生きている自分の感覚を拒絶しているのです。

　自分に対して批判的な意識を向けると、３歳くらいの子供のような潜在意識は本音を語ってくれません。

　ですからまず、ありのままの自分を受け容れることから始めるようにしてみてください。

　今を生きる、今を感じることは、まず自分の感情をしっかりと感じること。心の奥に閉じ込めないで、ごまかさずしっかり感じることです。

　不安なときは不安になってもいい！
　怒りたいときは怒ってもいい！
　怖いときは怖いと言ってもいい！
　嫌なときは嫌だと言ってもいい！

　その感情を恐れず、向き合い、理解し、そして癒していくことで、あなたの人生そのものが大きく変わります。多くの人は心の闇を隠したがりますが、その心の闇には、人生を一変させ

るギフトが詰まっていることをあなたに知ってもらいたいのです。

　自分の望まないことに時間を費やすのではなく、あなたの人生にとって大切なことに時間を使ってください。自分を大切にして、本当に大切な時間を使い始めたときから、人生の流れは変わります。

　私自身がそうであったように、自分の病気や家族の問題などに関しては、家族との時間、生活リズムの維持、十分な休息など、自分にとって大事なことをないがしろにし続けてしまうケースが多々あります。しかし、これらは大きなインパクトを持つ人生のターニングポイントです。

　どんな感情であっても、あなたが愛に満たされればその感情は自然に消え去ります。

　例えば、「一口でも食べたら太ってしまう。食べ物は敵だ。食べることは恐怖だ」という場合なら、自分の脳が恐怖を感じている事実を理解し、受け容れ共感してあげます。
「恐ろしくてたまらないよね」「すごく怖いよね」のような言葉がけです。

　これは「良い・悪い」の二元性で評価しているのではなく、自分が「何を感じているのか」を受け容れ、そのまま自分にフィードバックしている態度です。このように評価せずにフィードバックするためには、マインドフル（客観視）の姿勢が必要です。

　潜在意識には、私たちが生き延びるための膨大な情報が保存され、そして私たちは学習し続けています。
　生理的欲求の「食欲、睡眠欲、排泄欲」だけでなく、人は生物として生き延びるため本能的に「恐怖心」を抱くようになっています。

　人が、古い観念や思い込みを捨て新しい信念を受け容れるのは、**「古い観念や思い込みより新しい信念のほうがより生き延びられる」**と好奇心を抱き、潜在意識が納得した結果です。

　あなたは、ただ純粋に楽しみ、ワクワクしていた幼い頃のことを覚えていますか？
　あなたの内側には、３歳くらいの子供のように好奇心に溢れた、完全無欠で純粋な潜在意識が存在していました。子供は常に、自分の未来は無限の可能性が広がっていることを知っています。

私たちは成長とともに、様々な体験によって膨大な数の固定観念や思い込みを潜在意識に擦り込んできました。

その結果、私たちは人生に可能性ではなく制限を知るようになり、望みを叶えるより失敗を避けるようになる。そしてだんだんと自信をなくし、自分が何ものなのか、本当は何を望んでいるのか分からなくなってしまったのです。

まず、小さなことからでいいので、あなたの望みや要求に耳を傾けましょう。そして受け容れて満たしてあげましょう。この「受け容れて満たしてあげる」ことが、母性的な愛情表現、いわゆる母性性です。

自分に包み込むような母性性の愛を注いであげることで、浄化され、癒され、本当に望む人生を送ることができるようになります。

STEP 3 シフトチェンジ
父性性で観念や思い込みを願望実現の信念にシフト

父性性の慈愛エネルギーで「シフトチェンジ！」
「自分の望みを選んでふくらます」

父性性の愛は「正しさ、行動力」を教える条件付きの愛です。「これは良い、これは悪い」と善悪を教えたり、他人と良い関係を築く上で大切なマナーが身に付くように導いたりなど、社

会に向かって押し出していく力を与える、それが父性性の愛です。

　この父性性の愛は、期待によって導かれるべきであり、脅したり権威を押し付けたりすることなく寛大でなければいけません。

　少しずつ自分の能力に気づかせてあげて、操作的でない形で行動を促していくのです。

　しかし、**父性性の愛は、母性性の愛が十分に与えられた後でなければ受け容れられません。**

　子供は母性性の愛をたっぷり与えてもらった体験から、相手を受け容れるという選択肢を育てていきます。ですから、子供が「正しさ、行動力」を受け容れる気持ちになるためには、まず、愛情をたっぷりと注いであげるプロセスが必要なのです。

　愛情をたっぷりと注がれた子供のような潜在意識は、質問されると喜んで答えを返してくれます。

　質問は、「私は、どうすれば○○できるだろう？」のように主語を「I（私）」にして、「How（どのように）」で問いかけます。

　「どうして○○できないのだろう？」「これでいいのかな？」

など、不安や恐れ、迷いの質問を投げかけると、目的地のない質問に対して、潜在意識は原因が分かるまで「○○できない」状態を維持しながら検索し続けます。

　例えば、「どうしてマイホームが持てないのだろう？」という場合、原因が分かるまでマイホームが持てない状態が維持されます。

　原因が「転勤族だから」や、「収入が不安定だから」だと分かった、もしくは最初から分かっていた場合、ほとんどの人が「だから無理だ！」と納得して終わりです。

　ここで納得して終わりにしてしまわずに、「私は、どうすればマイホームが持てるのだろう？」と質問し続けることで、進展する可能性は十分あります。

　でも、また「どうしてマイホームが持てないんだろう？」と考え始めてしまう。

　これでは、出口の見えない状態が維持され続けてしまいます。

　先に、潜在意識には、ピースが足りない中途半端な状態を嫌う「ザイガニック効果」という特性があるとお話ししました。

「私は、どうすればマイホームが持てるだろう？」だけでも十分ですが「私がマイホームを持って快適な暮らしをすると？」という質問で「ザイガニック効果」を働かせるのも効果的です。

「暮らしをすると？」によって作り出された不足のピースを埋める働きによって、マイホームを持つためのピースが次々と集まり、願望実現のルートがはっきりと見えてきますから、期待に胸が大きくふくらみます。

　この潜在意識の特性を最大限に引き出すためには、まず母性性の愛で浄化してエネルギーを高めること。それから父性性の愛で行動力を高め、願望実現に繋がる信念にシフトチェンジしていきます。

　これで必ず自分の望み通りの人生になります。

　人生を大きく左右するのは、**「質問の仕方」**と、質問によって集められたピースを行動に移すための**「エネルギー」**です。

　もし、現時点でエネルギーが枯渇しているのなら、エネルギーを高めることを最優先にするべきです。

　エネルギーが十分にあるのなら、さらに高めることで願望実現のスピードを上げることができます。

　動機が曖昧なまま行動すれば、後からどっと疲れが出てしまうでしょう。

　理想の自分が分からないまま物事に取り組んでいるときには、エネルギーは消耗されてしまいます。

　いつもエネルギーに満ち溢れている状態を保つには、自分が

何をしているときにエネルギーが高まるのかを知っておくことが大切です。

　先ほど例を挙げたマイホームの場合、マイホームでのんびりリラックスする毎日を望んでいるのなら、まず感情を先取りして味わいましょう。
　今すぐ無理なく始められ、リラックス気分を味わえる行動は、「好きな音楽を聴く、ペットと遊ぶ、好きな本を読む、ハーブティーを飲む」などかもしれません。

　心の底から自分がのんびりリラックスできることを、毎日の生活の中に欠かさず取り入れてエネルギーを高めてみましょう。
　取るに足らない小さな行動かもしれませんが、潜在意識は大小の判断をしませんから、十分にエネルギーを高めていくことができるのです。

　小さな嬉しいことに気づける感性のほうが、後々安定した良い波動を保つことができます。
　大きな嬉しいことは毎日起こることはありませんが、小さな嬉しいことは誰でも日常の中にあるはずです。いつもなら見逃してしまうような小さな親切や感謝に気づけるようになれば、自然とポジティブな思考が育まれ、安定したエネルギーになり

ます。

　肝要なのは、潜在意識がどう捉えているかなのです。いつまで経っても願望が実現しない、これまでのような自分を制限する生き方ではなく、願望実現に必要なエネルギーに高めていく生き方のほうがよっぽど大切です。

　今のあなたのエネルギーは、日常生活を送るだけで精一杯になっていませんか？
　次の質問で、今のあなたのエネルギー状態をチェックしてみてください。

・スケジュールを詰め込みすぎていませんか？
・十分な睡眠は取れていますか？
・美味しく食事をいただいていますか？
・たっぷりお水を飲んでいますか？
・好きなことに時間を使うのを忘れていませんか？

　まずは、自分の時間をどう活かすか、どれだけ「快」、つまり楽しさや充実感を大切にして、不快を溜めこまない工夫をするかです。

　今、ここから理想に向かって成長していく自分をイメージし

てみてください。

　あなたにとって、これ以上ない魅力的な未来を描きましょう。

　あなたの好奇心は、どれくらい強まっていますか？

　信念（願望実現に繋がる価値観、思考パターン）は、強い好奇心と得たい感情を味わえる行動の繰り返しによって創られます。なぜなら、私たちは「感情」を求めて行動を起こす生き物だからです。

　あなたが実現したい願望は、それが叶ったときの感情を味わいたくて求めているのです。

　父性性の愛は、その感情を求めるための行動力を与えてくれる頼もしいエネルギーです。

　あなたが描いた「これ以上ない魅力的な未来」で刺激された好奇心と、その後の得たい感情を味わえる行動の繰り返しによって、**RASという脳内のフィルターが再設定**されます。RASを通過した願望実現に繋がる信念によって、「思考、発想、行動」が変わり、願望が具現化します。

　あなたが繰り返し重要だと思ってきたことが、RASを通過していきます。

　お金をもっと稼ぎたいときには、「稼いだお金で何をしたいのか？」よりも、お金を稼ぐことだけに意識が向いています。

　そしてお金をたくさん稼ぐことができれば、「今より楽な生活ができる」「贅沢な生活をするためにもっと稼ぎたい」と考えます。ですが、具体的にどんな生活をしたいのかまではイメージしていません。

　本当に大事なのは、お金を稼いで、どんな人になって、どんなことをして、どんな人生を歩みたいのかということ。
　そして、その価値観は親や社会から擦り込まれたものではなく、「誰が何と言おうとやりたいからやる」ということでなければ、他人の価値観で理想の自分を設定してしまうことになります。

　誤解しないでいただきたいのは、「誰が何と言おうとやりたいからやる」のは、「自分らしく生きる（本当の自分）」ということであり、周りの人に迷惑をかけてまで好き勝手に生きるということではありません。

　本当の自分として生きることは、自分が満たされ、自分以外の人も満たされる生き方です。
　自分が満たされているからこそ、外に目が向き、自分以外の人のために動けるのです。

　私の場合、度々起きる心臓発作でニトロを手放せない生活を

送っていたときは、自分のことで精一杯でした。それでも、「どうしても子供たちのために長生きしたい」「私は、どうすれば健康で長生きできるだろう？」という必死な思いでエネルギーを高めていきました。

　エネルギーが底尽きた状態からのスタートだったので時間はかかりましたが、エネルギーの高まりとともに発作の回数が減り、家族のためにしてあげられることが増えていきました。

　その喜びは大きく、その結果さらにエネルギーは高まり、心臓の状態がどんどん良くなり今の私があります。

　そして今、満たされた生活をしているからこそ、かつての私と同じ悩みを持っている人の力になりたいと思えるようになったのです。

慈愛フル・ビブリオセラピー全ステップ（実践）

STEP 1 気づき：

マインドフルネスでネガティブな感情を一瞬で止める

STEP 2 浄化：

母性性でありのままの自分を受け容れ潜在意識を浄化

STEP 3 シフトチェンジ：

父性性で観念や思い込みを願望実現の信念にシフト

　それでは、「慈愛フル・ビブリオセラピー」を実際に使って
いきましょう。

「慈愛フル・ビブリオセラピー」のストーリーは、３STEP で
成り立っています。

　しかし、あなたが求める目的によっては、「STEP 1：マイ
ンドフルネス」だけ、「STEP 2：潜在意識の浄化」だけ、「STEP
3：願望実現に繋がる信念にシフト」だけというように、１つ
の STEP だけで達成され、３STEP すべてを必要としないこ
ともあります。

　また、「STEP 1 → STEP 2」「STEP 1 → STEP 3」「STEP
2 → STEP 3」というように、２つの STEP だけで達成され
ることもあります。

　慈愛フル・ビブリオセラピー全ステップ（実践）では、次の
事例をもとに実践法を説明していきます。

**　小中学校時代に容姿を馬鹿にされた経験から、大人になった
今でも、「笑い声はすべて私に向けられている」と感じ、人へ
の恐怖や不信感に苛まれ転職を繰り返している。**

STEP 1 感情を扱うマインドフルネス

今この瞬間、気づきで「ニュートラル」に！

思考を自在に止めることができるようになれば、心を外から眺められます。

「今この瞬間」に留まることで、思いや考えを外から取り扱うことができるようになるのです。

ネガティブな感情、慢性的に繰り返す感情、自分が取り組むことにした感情、どんなことでも心が揺さぶられる感情を感じ始めたら、すぐに次の手順を取ってください。

ただ、すぐに始めたくても、状況によってすぐに始められない場合もあるでしょう。

そのようなときは、取り組むことができる状況になってから、心が揺さぶられた状況と感情を再現します。「STEP 1：マインドフルネス」から始め、必要に応じて「STEP 2 → STEP 3」と順に進めてください。

①3回から5回ほど、ゆっくり深呼吸をしましょう。

深呼吸は、吐いてから吸うことで、酸素が体の隅々にまで行き渡ります。体の中をきれいにして、悪いエネルギーを吐き出し、良いエネルギーが体の隅々にまで行き渡ることをイメージしながら呼吸しましょう。

②**身体の中でどう感じるか、特に腹部の第三チャクラ（第二の脳）でどう感じるかに意識を向け、ありのままを受け容れましょう。このとき腹部（第二の脳、第三チャクラ）に手の平を当てます。**

　感じることとは、そこに意識を留めること。呼吸中の腹部の感覚を感じ取りましょう。

　心を「感覚にシフト」して、その感覚に意識を向けている間に、心の性質は変化します。そして「思考」がもたらすストレスも消えていきます。

　ネガティブな感情が湧いたと気づいた瞬間、ネガティブな感情は止まり、客観視している状態です。

　安心して、身体の中でどう感じるのか、感覚が得られるまで、意識を向け続けましょう。

③**心の中でその感情を表現してください。そしてそれに名前を付けてください。**

「裏切られてハラワタが煮えくり返るような気持ち」「大切な人との別れに心が切り裂かれたような気持ち」。人にはいろいろな気持ちがありますが、ここでは「気持ち」ではなく「感情」に名前を付けて表現してみてください。

　気持ちは「人間の心理的な作用」で、感情は「生物学的な反

応」です。

　例えば、職場の休憩室でお弁当を食べていたら、背後から笑い声が聞こえてきた。
「また、この醜い容姿のせいで笑われいてる。どうして私はこんなに醜いんだろう」と考え、容姿の醜い私を生んだ母親に対して怒りが湧いた場合。

　一見すると、感情の名前は「怒り」だと判断してしまうかもしれませんが、怒りは心理学で二次感情と考えられています。ですから必ず、この怒りを感じる前に引き金となった一次感情が存在するはずなのです。「②身体の中でどう感じるか」のところで意識をしっかり内側に向けてください。
　そうすることで、その**感情の名前は、「恐れ」や「悲しみ」や「不信感」**などと気づくことができます。

　自分自身、あるいは他人に対する価値判断やその感情に対しての価値判断が生じても、ありのままを受け容れましょう。ありのままというのは、「自分は今、何を感じているのだろうか」を明確にしていくことであり、その状況や感情に対して「良い・悪い」の判断を下さないということです。

④その感情の強さに意識を向けてください。その強度を言い表

す言葉を見つけましょう。

大きい、小さい、重い、軽い、高い、低い、強い、弱い、深い、浅い、など。

悲しみが深い。恐れが強い。

⑤**その感情が高まってきているか、あるいは静まってきているかに意識を向けましょう。**

その感情が波であるとしたら、あなたは今その波のどこにいますか？

感情の波を０〜10で評価します（まったく波がない状態０、もっとも高い波の状態10）。

「悲しみは、8」「恐れは、0」
休憩室での出来事に対する恐れは、マインドフルになったことで「0」に落ち着きましたが、自分の容姿に対する悲しみはとても深く「8」で、悲しみの波は高いままです。

感情は波のようなものです。波に逆らったり抑え込んだりせず、波の動きに乗ることで、のみ込まれることなく自然にニュートラルな状態になります。

休憩室でお弁当を食べているときに背後から笑い声が聞こえ

てきたことがきっかけとなり、潜在意識に保存されている「人から笑われるほど醜い容姿」という固定観念が発動し、「恐れ」「悲しみ」が襲ってきました。

　きっかけとなった出来事による「恐れ」は、マインドフルになったことでニュートラルになりましたが、固定観念は、マインドフルになるだけでは癒されず「悲しみ」は深いまま。この「悲しみ」をSTEP 2で、しっかりと癒していきます。

STEP 1：番外編

　すぐに「STEP 1：マインドフルネス」を始めるのは不可能な状況だけれど、今すぐ心を落ち着かせる必要があるという場合は、次の手順を取ってください。

　まず、深呼吸をして呼吸を整えましょう。

　次に、例えば二次感情の「怒り」を感じている場合、腹部のあたりを見つめて「怒りが湧いている、今ここに怒りがある」と、ありのままを見つめます。

　このときのポイントは、「腹を立ててはいけない」と否定しないことです。頭の中で「今ここに怒りがある」と（心の中で）客観的に言葉で確認することで心はニュートラルな状態に戻ります。

　そして、しっかり時間を取って取り組める状況になったとき、

心が揺さぶられた状況と感情を再現します。「STEP 1：マインドフルネス」から始め、必要に応じて「STEP 2 → STEP 3」と順に進めてください。

STEP 2　母性性の愛で潜在意識を浄化

「ありのままの自分を受け取る（Be）」

　条件付きの愛に縛られているとき、慈愛を受け取る第四チャクラは正常に機能していません。

　ここでは、良い子は可愛がってもらえる、悪い子は可愛がってもらえないという「条件付きの愛」ではなく、自分自身を受け容れ、包み込む「無条件の母性性の愛」をしっかりと注いでいきます。

①慈愛を受け取るための第四チャクラ（胸部）に手の平を当てます。

　左右の手の平を重ねるときハートの形にして胸に当てます（慈愛タッチ）。

　この意識が慈愛のエネルギーを生みます。

　母性性の愛のエネルギー（陰）で、潜在意識を浄化すること

で、第四チャクラが正常に機能するようになり、自分の内側から無条件の愛（慈愛）が湧き出てきます。

（母性性の愛は、母親だけでなく父親にも備わっています）

　3歳の頃の自分をハグ（慈愛ハグ）するように、手の平を胸に当てて深い呼吸をすることで、慈愛のエネルギーに包み込まれ、ありのまま感じることができます。

　体の正中線に沿って7つ重要なチャクラがありますが、体の末端の手の平にもチャクラがあります。

　7つのチャクラの中で、手の平のチャクラと深い関わりがあるのは第四チャクラ（胸部）です。

　深い呼吸とともに高まった慈愛のエネルギーは、第四チャクラから分岐して手の平のチャクラへ行き渡ります。この慈愛のエネルギーがダイレクトにあなたの内側に伝わります。

②当時の状況と感情を再現して、「子供の頃の自分に今だったらかけられる言葉」、あるいは「あのときお母さんにかけてほしかった言葉」を自分の内側に語りかけてあげます。

　あなたの中には、3歳くらいの子供のような潜在意識が存在しています。

　対面セッション中のクライアントが、「今だからかけられる言葉」「あのときかけてほしかった言葉」に気がついたとき、

涙が止まらなくなるのはよくあること。

【慈愛の心で寄り添い、ありのままの自分を受け容れる言葉】
「のびのびと楽しい学生生活を送りたかったよね」
「それなのに容姿を馬鹿にされて、酷い扱いをされて悲しかったね、辛かったね、悔しかったね」
「親にも相談できなかったんだね。まだ子供だったのに一人で抱えて苦しかったよね」

　慈愛の心で寄り添うとは、今この瞬間のあなた自身をありのままに受け容れ、これまでの人生で、どのようにしてここまで辿り着けたのかを理解してあげることです。
　けっして自分が弱いとか、甘えているとか、哀れだとか、そういうことではありません。

③感情を心の奥に閉じ込めないで、しっかり感じ、そして語りかけましょう。

「これまでよくがんばったね」
「もう我慢しなくていいよ。泣きたいときは泣いていいのよ」
「もう一人で抱えなくていいよ。大人になった私にあなたが感じていることをぜんぶ話してね」
「人から笑われるほど醜い容姿だと思っていたその思い込み

は、もういらないよね」

　強烈な否定が入ってしまい、それが自分の価値観の土台として植え付けられたまま大人になってしまった例に対する言葉がけです。

　ここでは、感情を出しきるだけでなく、ずっと持ち続けていた「人から笑われるほど醜い容姿」の固定観念や思い込みが、もうこれからの人生には必要ないことを語りかけています。

④愛と感謝を送る
「思い込みに気づかせてくれてありがとう」
「世界にたった一人しかいないかけがえのないあなたは、こんなにも愛されている」
「愛しているよ」

　無条件の愛は、高次元の波動です。
　無条件ですから、何も判断しない、すべてを良しとする波動です。

「ありのままの自分」を受け容れることができて、初めて人は変わることができます。
　なぜならそれは、変化するのではなく「本当の自分になる」のですから。

「ありのままの自分」を受け容れることができれば、潜在意識の反発を受けずに変わることができるのです。

STEP 3 　父性性の愛で願望実現に繋がる信念にシフト

「行動（Do）・イメージを扱うマインドフルネスで（Have）」

STEP 2で、感情をしっかり感じて癒すことができていなければ、第四チャクラが機能しないだけでなく、第五チャクラにも影響が出てしまいます。必ず、STEP 2でしっかり潜在意識を浄化してからSTEP 3に進みましょう。

第五チャクラが正常に機能していないときは、何かを始めようという気力が湧きません。また、理想の自分、本当の望みも分かりません。

「どういう人生を望むのか」と理想を声にすることは、具現化の第一歩です。

第五チャクラは、そのための自己表現と、他者とのコミュニケーションにおいて重要な役割を果たしてくれます。

①行動力を高めるためには、第五チャクラ（喉）に手の平を当てます。

父性性の愛のエネルギー（陽）によって、第五チャクラが正常に機能するようになり、自分の信念を貫き、実現するための

積極的な行動が取れるようになります。

（父性性の愛は、父親だけでなく母親にも備わっています）

　手の平を喉（首の付け根）に当てて深い呼吸をすることで、この三次元の物質世界に創造していくエネルギーを高めます。

　深い呼吸によって、手の平チャクラから感じ取る感覚が鋭くなります。

②質問のコツは「私は、どうすれば○○できるだろう？」

　幼少期に容姿を馬鹿にされ自分に自信が持てず、人間不信で友達を作れず、人の笑い声が恐くて仕事が長続きせず転職を繰り返していた彼女は、次の質問を潜在意識に投げかけました。

　第五チャクラ（喉）に当てている手の平に意識を向けて質問を投げかけます。

　質問後、すぐに喉から手を離すのではなく、１分か２分の間、喉に手の平を当てたままにしましょう。

「私は、どうすれば自信を持つことができるのだろう？」

「私は、どうすれば友達ができるのだろう？」

「私は、どうすれば天職が見つかるのだろう？」

　さらに、「ザイガニック効果」の働きも利用するならば、

「私が自信を持つことができて、友達にも恵まれ、転職が見つかったら？」

と質問を投げかけます。

　これらの質問法によって「自信」「友達」「天職」それぞれの答えとなるピースがベストなタイミングで次々と集まります。すなわち情報が得られる人に会う、直観やインスピレーションが湧く、本やネットから情報収集できるなど様々な形、様々なルートで集まってきます。

③次々と集まったピースを行動に移す。

　ベストなタイミングで次々と集まったピースを、１つひとつはめ込んでいくことで、好奇心が刺激され、父性性の愛のエネルギーが高まります。

　自分のコンプレックスについて話せる相手と出会い、仲良くなり、笑い合える喜びを感じるようになり、それだけで嬉しくて幸せで、これまで恐怖だった周囲の笑い声が、自分へ向けられていると感じなくなったのです。心が解放され、自由を感じ、理想の自分を声にすることができ、理想に向かって行動できるようになりました。

　固定観念や思い込みに囚われず、創造性を発揮できる状態です。

　これは、もともと誰もが持っている能力なのです。

もし、どうしても考えすぎて行動ができない、または行動する気力が湧かないという場合、あなたのエネルギーは枯渇しています。枯渇したエネルギーを満たすために、癒しの時間、好きなことをする時間を十分に取ることを最優先にしてください。植物を眺める、ハーブティーを飲む、マインドフルネス瞑想をするなど、毎日できるちょっとしたことを生活の中に取り入れましょう。

④○○が叶ったときの感情を先取りして味わう。

　理想の未来を設定したことで、ＲＡＳ（脳内のフィルター）が再設定されているはずです。

　これまでのように、理想の未来を設定せず、ただ何となく無意識に生きていた頃と違い、再設定されたＲＡＳを通過した情報は、理想を具現化するための情報に絞られます。そして、潜在意識に蓄積された情報は理想を実現するための信念となり、「思考、発想、行動」は大きく変化します。

　ＳＴＥＰ１では、感情を扱うマインドフルネスで、高ぶっていた感情をニュートラルにしました。

　ＳＴＥＰ３では、イメージを扱うマインドフルネスを使って、自分の頭の中のイメージをコントロールして、さらに理想の具現化のスピードを上げていきます。

【感情を先取り・イメージの精度を上げる質問】

　第五チャクラ（喉）に手の平を当てながら次の質問をしてイメージします。

「○○になったら、今の生活とどんなふうに違っているだろう？」

　イメージを扱うマインドフルネスはツールが不要で、「ちょっと息抜き」「一休み」から始めることができます。

**　落ち着ける場所に座り、軽く目を瞑り、呼吸に意識を向けます。脳をはじめ、体中の全細胞に必要な酸素が行き渡り、リラックスするのを感じましょう。**

**　質問の答えについて静かに思いを巡らせます。**

　心が高揚する理想の自分をイメージして味わってください。

　臨場感が高まってきましたか？

　この「イメージを扱うマインドフルネス」は、私たちが本来持っている無限の力を目覚めさせます。

　あとは、ただ楽しみながら行動していくだけです。

おわりに

　最後まで読んでくださって、ありがとうございました。

　今でこそ、「本当の望みは必ず叶う」と言いきれる私ですが、数年前までは、自分にチャンスが溢れていると思ったことはなく、「生きることは試練で苦悩である」と本気で思っていました。

　親の離婚、いじめ、虐待、制限型拒食症、不妊症、そして職場で心臓発作を起こし救急車で運ばれ、手術を受け、長期入院生活を余儀なくされた経験から、この先も苦悩は続くと思い込んでいました。

　実は私は、一度離婚を経験していて、今の夫とは、長男と次男を連れての再婚です。

　今回、本書を書くにあたり、私がもっとも苦しかった最初の結婚生活16年の間に前夫が起こした問題の数々については、長男と次男の尊厳を守るため、そして長男と次男の実の父親の名誉のために書いていません。

　しかし、人生最大の苦しみだと思っていた16年間があったからこそ、「本当の自分」で生きるための気づきの連続があり、苦悩が絶えなかった人生にピリオドを打つことができました。

　長男と次男にとって、今の夫は「頼りになるお父さん」で、

会話も多く仲良しです。

　長男と次男にとって、実の父親は「やんちゃなパパ」という存在で、今でもたまに会って遊んでいます。私にとって前夫は、長男と次男を授けてくれた人ですから、幸せになってほしいと思っています。

　今でこそ、こんな穏やかな気持ちを抱けるようになり、笑顔溢れる家庭を築くことができていますが、数年前までは、辛さの分だけ怒りを抱えていました。

　私が過去に苦悩し続けたのは、常に苦しみに意識を向け、強い恐怖心のエネルギーを注いでいたからです。そして、望むことに意識を向けてエネルギーを注げば願望が実現すると知って、藁にも縋る思いで実践したのに何ひとつ望みが叶わなかったのは、当時の私のエネルギーが枯渇していたからでした。

　ネットや本などで「潜在意識の力を最大限活かし、潜在意識にアクセスするにはイメージが大切」であると知り、「これで現実を変えることができる！」と、一生懸命イメージングやアファメーションをしたことのある人はたくさんいると思います。

　それにもかかわらず願望が実現しない人が多いのは、理想を現実化するだけのエネルギーを育んでいないからです。もちろ

ん他の原因もありますが、私のクライアントの大半は、エネルギーが枯渇したまま走り続けている人が多いのです。

エネルギーを大量に消費する生き方から、マインドフルな生き方に変えることによって、エネルギーの流れが良くなり、設定した理想に向かってトントントンと進み出すことはよくあります。

日々の様々な出来事に対する「感情の取り扱い方」がいかに大切か、分かってもらえるのです。

未来をイメージできるのは人間だけです。

この素晴らしい能力を活かして、理想の自分をイメージしてエネルギーを注ぎ込んでください。

願望実現するには、実現したいものと同等のエネルギーが必要だということを覚えておいてください。

物質とエネルギーは同等であり、物質はエネルギーになりますし、逆にエネルギーが物質になることもあります。これは物理学的に説明のできることです。

私が「本当の自分」として生きる前の最終形態は、寝たきりで一日のほとんどをベッドの上で過ごす日々が1年近く続きました。それまで、「出世コースに乗っていればいつかは幸せになれる」と思っていた私にとって仕事ができなくなることは、

未来が閉ざされたこととイコールでした。

　そもそも寝たきりでは、今後生きていけるかも分からない。

　毎晩そこはかとない不安に襲われ、泣きながら眠りに就いていました。

　何もできず、ただ寝ているだけの私を、家族は支えてくれました。

　ただ寝ているだけの私を「かけがえのない存在」だと言ってくれたのです。

　生まれて初めて耳にする言葉に、今まで一度も感じたことのない包み込まれるような安心感が湧きました。これまで、家族に甘えることも頼ることもできず、一人で何もかも背負い込んできた私が、この日を境に、家族に支えてもらうことを喜んで受け容れることができるようになったのです。

「私は、今幸せ」と感じる心が芽生えたことで、意識は「死の覚悟」から「生きる方法」へと変わりました。そしてこのとき設定した「理想の自分」は、「外出できる体力をつける」です。

　手術後も心臓の状態が悪く、ずっとベッドの上で過ごす生活を送っていましたから、主治医から「不可能」と否定されました。それでも、病棟内を少しずつ歩けるようになり、やがて病院の前にある池の周りを歩けるようになりました。設定通り退院することもでき、自力で日常生活を送れるようになったので

す。

そして、次の「理想の自分」を再設定して、行動することでエネルギーを育み、次々と「理想の在り方」を体感していきました。

今、ここに私があるのは、最高波動の「愛（慈愛）エネルギー」のおかげです。

「理想の自分」を設定すると、「今、幸せ」と感じているその高い波動（エネルギー）が、次の「理想の自分」へちゃんと導いてくれるのです。

私は本をたくさん読みます。

入院中の私にとって、本を読むことはセルフセラピーでした。

思考回路そのもの、つまり考え方や価値観を変えてくれたセラピストです。

私は、「私」と「本当の自分」を繋げてくれるツールが大好きです。

本を読んでいる時間は心地よく、一日のほとんどをベッドの上で過ごす私が、イメージの中で行きたいところに行き、やりたいことをやれる最高の時間でした。

あなたが、日頃からすでに行っている活動やリラクゼーショ

ンの中で、毎日できるセルフセラピーになりそうなものはあり
ますか？

　今後の人生をどう生きるかに過去は関係ありません。
　自分の人生を決めるのは「今ここ」に生きる自分自身です。
　自分の本当の気持ちをしっかりキャッチしてそれに寄り添
い、きちんと満たしてあげてくださいね。

　本当の自分として生きると決めてからの私は、「自由、充実
感、達成感、自他の尊重、貢献の精神」など、自分の人生を生
きていると実感できる時間が増えてきました。

　自分のことだけで精一杯だった私が、単に自分が生きるため
だけの理由で働くことに興味が持てなくなり、その代わりにで
きるだけ多くの人を喜ばせたいと考えるようになったのです。
　昔から人の役に立つ仕事がしたいとは思っていましたが、
「人」をごく狭い範囲に限定していたので、私一人の力で役に
立つ仕事は、身近な人のみと無意識に思い込んでいました。

　それが、「身近な人」から「できるだけ多くの人」へと意識
が変化したことで、仕事を考える際の視座が一段引き上げられ、
その後のいろいろな出会いや学びが、多くの本の影響を経て、
私ができることを積み上げていったのです。

「本当の望みならどんなことでも実現できる」という信念によって起業した現在でも、チャンスに恵まれたら挑戦し楽しく取り組んでいます。

その中の大きなワクワクの１つが、本書『慈愛フル・ビブリオセラピー』の出版です。

執筆中は、お腹の中で私の赤ちゃんを大切に育てているような気持ちでした。

出版は、お腹の中でスクスク育った赤ちゃんが無事に産まれたような感動です。

私はClover出版2018新人発掘オーディションで準グランプリの評価を頂き、本を出版することになりました。

私を発掘してくださり出版の機会を与えてくださいました、Clover出版会長小川様、代表取締役小田様、営業本部長の桜井様、ベストセラー作家奥平亜美衣様、そして原稿の校正をしてくださった阿部由紀子様、大江奈保子様、この場をお借りして心から感謝申し上げます。ありがとうございました。

これまで私は研究論文を書いてきましたが、本を書くということは初めての挑戦でした。

完成まで楽しく執筆できたのはClover出版だったからです。ありがとうございました。

　私が専門とするＤＢＴは、自分で上手くコントロールできない、高波のような激しい感情を抱えて苦しむ人々を援助するために開発された心理療法です。この感情を突き詰めて分析していくことは、クライアントが抱えている心理的問題を解決することに繋がっていきます。

　さらに、波動の法則を学んだことで「今、目の前にある幸せ」を感じることがどれだけ素晴らしいことか知ったのです。

　感情は波動です。あなたの感じる感情が、そのまま波動になります。

　感情のコントロールができるということは、波動（エネルギー）を自在に扱えるということ。

　波動、潜在意識について聞いたことはあっても、「信じることができない」「確信が持てない」または「難しそう」と思っている人もいるかもしれません。

　しかし潜在意識が持つ無限の力、そして波動については、最先端物理学である量子学、さらには生物学などで明確に説明されています。

　潜在意識、波動を使いこなすとき、こうした難解な理論や学説を知っている必要はありません。

　ただ、今あなたの目の前にある幸せに気づく努力をまずして

みてください。

　きっと、「幸せになるって簡単なことだったのね」と気づくことができます。

　今この瞬間幸せでいましょう。

　奇跡はね、今この瞬間幸せな人に起こりますから。

加藤絢子

加藤絢子 （かとう・あやこ）

弁証法的行動療法専門 心理療法士
愛原心理療法研究所 上席研究員
メンタルヘルス講演家

奈良県生まれ。幼少期に親が離婚、その後、いじめ・虐待・制限型拒食症を発症、死への恐怖心すらなくなり自ら餓死を選ぶかのように、身長169㎝・体重37kgの餓死寸前の身体となる。その影響で心臓の機能が著しく低下し、心不全状態に至ったことも。

心理療法と、後に出会った波動の法則によって、本来の健康を取り戻し、親に対する恨みも消え、3度手術をしても再発を繰り返していた心臓病が落ち着きはじめる。不妊症の身体から3人の子供まで授かるようになり、直観力とユーモアのある夫と賑やかな生活を送っている。

現在、心理学（弁証法的行動療法・マインドフルネス）、脳科学（潜在意識）の理論で作られている「慈愛フルネスセラピー」の専門家として活躍。

ホームページ
https://ha-tosenterkokoronosalon.amebaownd.com/
アメブロ
https://ameblo.jp/kokoronosalon0719

参考文献

Matthew McKay (著), Jeffrey C.Wood (著), Jeffrey Brantley (著), 遊佐安一郎 (翻訳), 荒井まゆみ (翻訳)
『弁証法的行動療法 実践トレーニングブック - 自分の感情とよりうまくつきあってゆくために』(星和書店)

装丁／冨澤 崇(EBranch)
本文design＆DTP／横田和巳(光雅)・株式会社RUHIA
編集／小田実紀・阿部由紀子・大江奈保子
校正協力／永森加寿子

あなたを助ける 慈愛フル・ビブリオセラピー

初版1刷発行 ● 2020年10月22日

著者
か とう あや こ
加藤 絢子

発行者
小田 実紀

発行所
株式会社Clover出版
〒162-0843 東京都新宿区市谷田町3-6 THE GATE ICHIGAYA 10階　Tel.03(6279)1912　Fax.03(6279)1913
http://cloverpub.jp

印刷所
日経印刷株式会社

©Ayako Kato 2020, Printed in Japan
ISBN978-4-908033-97-1　C0011

本書の内容に関するお問い合わせは、info@cloverpub.jp宛にメールでお願い申し上げます